Heidi Maier-Hauser

LIEBEN – ERMUTIGEN – LOSLASSEN

Erziehen nach Montessori

BELTZ

Besuchen Sie uns im Internet
www.beltz.de

Beltz Taschenbuch 925

11. Auflage 2013

Umschlaggestaltung: www.anjagrimmgestaltung.de, Stephan Engelke (Beratung)
Umschlagabbildung: © plainpicture/Erickson
Satz: Beltz Bad Langensalza GmbH, Bad Langensalza
Druck und Bindung: Beltz Druckpartner GmbH & Co. KG, Hemsbach
Printed in Germany

ISBN 978-3-407-22925-0

Beltz Taschenbuch 925

Über dieses Buch:
Einem Kind alle Steine aus dem Weg zu räumen nimmt ihm das eigene Lernen aus der Hand. Also muss das Kind einen Raum für Selbstlernen, für das Gefühl des Könnens haben. Liebevoll fördern, falls erforderlich eingreifen, nicht allen Wünschen nachgeben, gesunde Grenzen setzen, dies alles fördert die Verantwortung des Kindes sich selbst und seiner Umwelt gegenüber. Das Buch richtet sich an alle Eltern, die innehalten und prüfen möchten, ob sie in ihrer Aufgabe, ihre Kinder zu begleiten, auf dem richtigen Weg sind. Die meisten Anregungen sind für Kinder bis zum Alter von acht Jahren gedacht, sie lassen sich jedoch weit über dieses Alter hinaus anwenden, vielfach auch im Umgang mit Erwachsenen. Anhand von zahlreichen Beispielen und Dialogen zwischen Eltern und Kindern aus dem »Montessori-Alltag« zeigt die Autorin, wie man auf unnötiges Eingreifen verzichtet und dennoch Grenzen setzt, die die Autonomie und Eigenverantwortung des Kindes stärken.

Die Autorin:
Heidi Maier-Hauser arbeitete viele Jahre in ihrem Montessori-Kindergarten in Zürich. In Elternkursen vermittelte sie die Anwendung der Montessori-Pädagogik für zu Hause und für die Schule.

Inhaltsverzeichnis

Einleitung

Als ich vor Jahren zum ersten Mal einen Montessori-Kindergarten besuchte, war ich überwältigt. Ich erinnere mich noch genau an dieses eher düstere, aber geräumige einstmalige Ladenlokal, in dem sich ungefähr dreißig Jungen und Mädchen aufhielten. An kleinen Tischchen widmeten sie sich vielerlei Tätigkeiten. Zwei Jungen wuschen Kartoffeln, schälten sie und brieten sie dann auf dem Herd. Auf einem Teppich legten vier Kinder große Holzbuchstaben aus und versuchten, daraus Wörter zu bilden. Zwei Mädchen wogen verschiedene Gegenstände und notierten das Ergebnis fein säuberlich auf ein Blatt Papier. Ein Junge und ein Mädchen versuchten, mithilfe eines batteriegespeisten kleinen Stromkreislaufes herauszufinden, ob ein Radiergummi, ein Lineal, ein Stück Metall den Strom leiten und die winzige Glühbirne zum Leuchten bringen würde. Man sägte, nähte, diskutierte, experimentierte.

Diese frohe Schaffensfreude der Kinder begeisterte mich so sehr, dass ich mich noch am selben Tag entschloss, die Montessori-Methode zu studieren. Nach der Ausbildung in London gründete ich meinen eigenen Montessori-Kindergarten.

Fast täglich gingen BesucherInnen bei uns ein und aus. Meist standen sie ungläubig vor diesem scheinbaren Wunder, diesen zwanzig Jungen und Mädchen im Alter von zweieinhalb bis acht Jahren, die zufrieden, selbstständig und mit großer Ausdauer spielten und arbeiteten. Die Gesichtszüge der Kinder waren offen und heiter, und nur ganz selten kam es vor, dass sie sich ernsthaft in Streit verwickelten. Sie halfen sich gegenseitig, wo es ihnen sinnvoll erschien. Es war ein buntes, frohes, ruhiges Treiben, ein konzentriertes Schaffen. Doch ein Wunder ist es nicht, wenn sich Kinder ihrem Tun mit dieser einzigartigen Freude und Ausdauer hingeben. Es ist ganz einfach die Folge davon, dass man ihnen gewährt, was sie zum Glücklichsein brauchen, nämlich Selbstständigkeit, sinnvolle Beschäftigung, viel Freiheit innerhalb klarer Grenzen, Liebe und Achtung. Immer wieder bin ich tief ergriffen von diesem Klima hingebungsvollen Tuns und Sich-gegenseitig-gut-Wollens.

Als ich wiederholt von Eltern gebeten wurde, ihnen doch das Geheimnis zu verraten, wie man Kinder zu dieser Zufriedenheit führen könne, begann ich, Elternseminare zu leiten. Immer wieder bin ich erschüttert über die tiefe Verunsicherung, Hilflosigkeit und Ratlosigkeit so vieler Eltern. Seither wurde ich von vielen KursbesucherInnen bestürmt, meine Erkenntnisse in einem Buch niederzuschreiben. Lange habe ich mich gegen dieses Ansinnen gewehrt. Doch weil ich immer wieder erfuhr, dass die Kurse ernsthaften Teilnehmern echte Hilfe und Ermutigung brachten, entschloss ich mich, diese neue Herausforderung anzunehmen.

Es ist mir ein großes Anliegen, Ihnen anwendbare, hilfreiche Elemente aus der Montessori-Methode nahezubringen, Sie aber auch unabhängig von der Montessori-Methode von meinen Erfahrungen und Erkenntnissen in meinem Kindergarten, den Elternkursen und den privaten Beratungen von Elternpaaren profitieren zu lassen. Ich hoffe, dass Ihnen meine Schilderungen Unterstützung, Orientierung und mehr Sicherheit in Ihren Familienalltag zu bringen vermögen.

Das Buch richtet sich in erster Linie an verunsicherte Eltern, auch an Eltern, die prüfen möchten, ob sie in ihrer Aufgabe, ihre Kinder zu begleiten, auf dem richtigen Weg sind. Eltern auch, die die Freude an ihrem Erziehungsalltag verloren haben und müde, entmutigt und abgespannt sind. Eltern vielleicht, die in ihrer eigenen Kindheit Schweres erlitten haben und sich nur eines wünschen, dass es ihre Kinder besser haben sollen, oder Eltern, die nie gesunde Grenzen erfahren durften und nun orientierungslos vor der Aufgabe stehen, ihre eigenen Kinder zu gesunden und starken Menschen zu erziehen. Ich möchte Ihnen viele praktische Hinweise geben und hoffe, dass sie Ihnen helfen werden, Ihren Alltag leichter und glücklicher zu gestalten. Auch ErzieherInnen sind herzlich eingeladen, das Buch zu lesen.

Die meisten meiner Gedanken und Anregungen sind für Kinder bis zum Alter von ungefähr acht Jahren gedacht. Sie lassen sich jedoch weit über dieses Alter hinaus anwenden, vielfach auch im Umgang unter Erwachsenen.

Liebe Mütter, liebe Väter, ich gehe von der Annahme aus, dass Sie dieses Buch in die Hand nehmen, weil Sie Ihre Kinder glücklich sehen wollen und weil auch Sie selbst viel Spaß und frohe Stunden zusammen mit Ihren Kindern erleben möchten. Wenn Sie sich mit dem Inhalt des Buches auseinandersetzen, sollten Sie zu einem entspannten und frohen Zusammenleben finden. Ich möchte Sie bitten, sich für die Lektüre Zeit und Ruhe zu nehmen und die Ihnen im Augenblick unwichtiger erscheinenden Themen nicht zu überspringen. Versuchen Sie, die angesprochenen Erziehungsbereiche in Ihren Alltag einzubauen, und freuen Sie sich über jeden Erfolg!

Dass wir unsere Kinder innig lieben, verschont uns nicht vor Irrtümern. Als Mutter meiner eigenen zwei Kinder habe ich die Freuden und Leiden des Mutterseins gekostet, Irrtümer begangen und oft verzweifelt nach Wegen gesucht. Ich fühle mich im gleichen Boot mit allen suchenden Eltern und schreibe deshalb das Buch meist in der Wir-Form, denn es soll nicht Belehrung bedeuten. Ich möchte ganz einfach ein kleines Stück Weg mit Ihnen gehen und danke Ihnen, dass Sie mitkommen.

Vor wenigen Jahren habe ich das Kinderhaus meiner Nachfolgerin übergeben. Seither berate ich Eltern und begleite Kinder, denen das Lernen Mühe macht.

Um diesem Buch seine Unmittelbarkeit zu erhalten, belasse ich es in der bestehenden Zeitform.

Alle geschilderten Beispiele sind aus wahren Erlebnissen und Begebenheiten abgeleitet. Damit keine Rückschlüsse auf wirkliche Personen gezogen werden können, sind sämtliche Namen geändert worden.

Von den Kindern
Aus »Der Prophet« von Kahlil Gibran

Eure Kinder sind nicht eure Kinder.
Sie sind die Söhne und Töchter
der Sehnsucht des Lebens nach sich selber.
Sie kommen durch euch, aber nicht von euch.
Und obwohl sie mit euch sind,
gehören sie euch doch nicht.
Ihr dürft ihnen eure Liebe geben,
aber nicht eure Gedanken,
Denn sie haben ihre eigenen Gedanken.
Ihr dürft ihren Körpern ein Haus geben,
aber nicht ihren Seelen,
Denn ihre Seelen wohnen im Hause von morgen,
das ihr nicht besuchen könnt,
nicht einmal in euren Träumen.
Ihr dürft euch bemühen, wie sie zu sein,
aber versucht nicht, sie euch ähnlich zu machen,
Denn das Leben läuft nicht rückwärts,
noch verweilt es im Gestern.
Ihr seid die Bogen, von denen eure Kinder
als lebende Pfeile ausgeschickt werden.

01
Selbstständige Kinder sind glücklicher

An ihrem ersten Tag im Kindergarten schaut sich Liliane ausgiebig um, geht dann von Tisch zu Tisch. Scheinbar versehentlich wischt sie blitzschnell Moniques Zeichnung auf den Boden und tritt darauf. Dann nimmt sie Alains Ölkreide und fährt damit im Vorübergehen über Annas mit großer Sorgfalt gemaltes Bild. Es vergehen keine drei Minuten, und schon sehen sich alle Kinder vor. Sobald Liliane sich nähert, schützen sie ihre Sachen mit Oberkörper und Ellbogen. Ich gehe zu ihr hin. Ihre Nase läuft.

»Wo ist dein Taschentuch?«, frage ich sie.

»Draußen in der Garderobe!« Sie grinst mich an und will, dass ich es ihr hole. Ich nehme sie an der Hand und gehe mit ihr in den Flur, wo ihre Kleider hängen. Nach einer geraumen Weile klaubt sie das Taschentuch widerwillig aus ihrem Beutel und lässt es vor meine Füße fallen. Ich rühre mich nicht.

»Du sollst mir die Nase putzen«, befiehlt sie.

Ich entferne mich. Unwillig schmiert sie sich den Rotz über das Gesicht, lässt das schmutzige Taschentuch zu Boden fallen.

»Für schmutzige Papiertaschentücher steht dort ein Papierkorb«, sage ich bestimmt. Sie mustert mich abwägend, entschließt sich dann, das Taschentuch aufzuheben, und wirft es hinein.

Ich versuche, Liliane zu beschäftigen, gehe mit ihr zu den Scheren, zum Papier. Erstaunt stelle ich fest, dass sie mit der Schere nicht umgehen kann. Unsicher schaut sie mich von unten herauf an, knallt die Schere dann auf den Tisch. Ihre Mutter hat sie erstmals mit knapp sechs Jahren in den Kindergarten gehen lassen, »musste« sie dann aber nach zwei Wochen wieder herausnehmen, weil die Kindergärtnerin sie nicht gemocht habe, zu streng gewesen sei. So hatte das Kind keine Chance, sich auch nur die einfachsten alltäglichen Verrichtungen anzueignen. Ich zeige ihr, wie man die Schere hält, bringe ihr eine einfache Übung bei. Liliane hat keine Ausdauer. Nach einer halben Minute steht sie auf und versucht, in Petras Näharbeit zu schneiden. Gottlob ist nichts passiert, doch Petra ist entrüstet. Entschlossen nehme ich Liliane an der Hand und setze sie an einen freien Tisch.

»Liliane«, sage ich, »hier musst du bleiben, bis du aufhörst, deine Kameraden zu belästigen.« Ich stelle mich neben sie, bis sie sich entschließt, sitzen zu bleiben. Den ganzen Vormittag über bin ich auf höchster Alarmstufe. Das Klima im Kindergarten ist gespannt.

Im Laufe der nächsten Tage stelle ich fest, dass Liliane in hohem Maße unselbstständig ist und dieses große Manko zu kompensieren versucht, indem sie ihre Kameraden unaufhaltsam quält und damit Macht über sie zu gewinnen sucht.

Die kommenden Wochen verbringen wir damit, dem Kind zur Selbstständigkeit zu verhelfen, und sind überrascht, wie schnell es die vorgeschlagenen Verrichtungen lernt. In Bezug auf ihre Unverschämtheiten gegenüber den Kameradinnen und Kameraden sind wir wachsam und konsequent. Nach vier Wochen ist Liliane kaum wiederzuerkennen. Mit wachsender Selbstständigkeit ist sie ausgeglichener und selbstsicherer geworden. Hin und wieder versucht sie noch, ein Kind zu hänseln, indem sie es stößt. Aber auch diese Unart verliert sich innerhalb von wenigen Tagen. Zunehmend wird sie ausdauernder und gewinnt eine zufriedenere Ausstrahlung. Die Mutter ist überrascht, doch, wie mir scheint, auch etwas irritiert. Sie hat ihren geliebten Beruf aufgegeben, um ausschließlich für ihre Familie da zu sein. Sie will ihren Mann und besonders ihre Kinder verwöhnen, ihnen Unangenehmes aus dem Wege räumen, ihnen beistehen, soviel sie nur kann. Das ist ihr Lebensinhalt, ihre Lebensaufgabe. Zwar ist sie erstaunt und manchmal auch enttäuscht, dass die Kinder ihre Liebe und Mühe keineswegs zu schätzen wissen und nicht in dem

Maße erwidern, wie sie es sich wünscht, und dass sie bequem, egoistisch und anmaßend sind. Aber es sind ja noch Kinder, sagt sie zu mir. Sie will ihnen das Leben leicht machen. Selbstständigkeit? Ja, das können sie dann in der Schule lernen, argumentiert sie. Das Leben verwöhnt einen bekanntlich nicht und präsentiert einem noch früh genug seine harten Seiten. So will sie ihre Kinder auf Händen tragen und gesteht mir, dass sie sie ganz gerne bedient, noch ein wenig abhängig hält. »Was ist da schon dabei«, sagt sie.

Es gibt eine Hilfe, die keine Hilfe ist.

Es gibt Mütter und Väter, die verwöhnen ihre Kinder nach Kräften, möchten ihnen so viel Gutes tun, wie sie nur können, lesen ihren Jungen und Mädchen jeden Wunsch von den Augen ab, möchten ihnen das Leben möglichst froh, glücklich und leicht machen. Manche davon haben als Kind Hartes und Schweres erfahren, womöglich Liebe, Geborgenheit, Verständnis und Halt schmerzlich vermisst und hegen nur den einen Wunsch, dass es ihre Kinder besser haben sollen. Andererseits sind nicht wenige Eltern in ihrer eigenen Kindheit allzu sehr umsorgt, behütet und verwöhnt worden und stehen nun ihren eigenen Kindern hilflos und desorientiert gegenüber.

Es ist alles so schnell gegangen: Man hat geheiratet und sich sehnlichst Kinder gewünscht. »Wenn wir ihnen nur ganz viel Liebe schenken, werden sie gedeihen und alles wird gut gehen«, denkt man getrost und ist erfüllt von Hoffnung und Vorfreude.

Und dann treffen sie ein, die kleinen Racker. Und ganz unverfroren nehmen sie ihren Platz in der Familie ein, fordern hemmungslos alles von ihr. Und schon von Anfang an geht es nicht so leicht von der Hand, wie man es sich erträumt hatte, trotz aller Liebe nicht! Man ist ratlos, hilflos. Und weil der

Kollegin im Fitnessklub die Erziehung ihrer Kinder angeblich so elegant von der Hand geht – sie behauptet es jedenfalls beim Drink danach –, fühlt man sich noch elender. Und man versteht die Welt nicht mehr. Und auch der hübschen Mutter vom Spielplatz, die alles so locker zu managen scheint, mögen wir nicht gestehen, dass wir Probleme haben. Die hat man einfach nicht!

Immer wieder kommt es vor, dass sich Mütter in ihrer Erziehungsaufgabe verlassen, unfähig, oft auch verzweifelt fühlen. Was um alles in der Welt mache ich denn falsch? Wie geht man um mit dieser verantwortungsvollen Aufgabe – wohl einer der größten Herausforderungen, die es überhaupt gibt! Man wurde kaum darauf vorbereitet.

Eine Mutter berichtet:

»Als unsere Tochter zur Welt kam, war ich ganz einfach überwältigt von diesem unfassbaren Wunder des Lebens. Ich konnte stundenlang dasitzen und dieses winzige Geschöpf betrachten, das so vollkommen aus uns heraus entstanden war. Und ich wusste: Unser Kind soll es gut haben. Auf den Händen will ich dieses mein Kleinod tragen! Alles will ich tun, damit es glücklich ist. Und ich tat alles! Von Anfang an las ich ihm jeden Wunsch von den Augen ab, rund um die Uhr, und brauchte dazu meine ganze Kraft. Es vergingen Monate, bis ich merkte, dass unser kleines Mädchen mich vollständig im Griff hatte, dass es launisch war und mich voll und ganz in Anspruch nahm. Ich fragte mich, was ich wohl falsch machte, gab mich und meine eigenen Wünsche gänzlich auf, um seine Bedürfnisse zu befriedigen. Jetzt ist unsere Tochter vier. Sie plärrt vom Morgen bis zum Abend, will nie alleine spielen und scheint ein Fass ohne Boden zu sein. Unsere Ehe leidet empfindlich darunter, und mein Mann ist viel außer Haus. Ich glaube, ich ZERliebe mein Kind und zerstöre damit alles, was ich habe!«

So unendlich lieb wir unsere Kinder haben: Unsere Hingabe allein genügt nicht. Denn sie brauchen genauso dringend das notwendige Rüstzeug auf ihrem Weg, damit sie zu starken Menschen heranwachsen können, die sich im Leben zurechtfinden. Das ist für die Eltern eine jahrelange und oft sehr anspruchsvolle Gratwanderung, wohl eine der verantwortungsvollsten Aufgaben, die es überhaupt gibt, bestimmt schwieriger und fordernder als ein Studium an der Universität!

Viele Eltern räumen ihren Kindern jedes Steinchen aus dem Weg und möchten sie vor den Härten des Lebens bewahren. Sie helfen ihnen, soviel sie nur können, nehmen ihnen selbstlos alles ab, sind fast pausenlos damit beschäftigt, ihre Wünsche zu erfüllen, damit sie es gut haben. Es gibt Eltern, und es sind nicht wenige, die sich bis zur körperlichen und seelischen Erschöpfung für ihr Kind abquälen. Und doch ist es unzufrieden, quengelig und in seinen Ansprüchen unersättlich.

»Meine fünfjährige Regula kann nicht spielen. Ständig hängt sie an meinem Rockzipfel und fragt mich, was sie tun soll. Und wenn ich ihr dann eine Beschäftigung vorschlage, verwirft sie meine Idee, ohne sich überhaupt die Mühe zu machen, sie zu prüfen. Eigentlich will sie nicht wirklich etwas tun. Rund um die Uhr fordert sie mich heraus und will, dass ich mich pausenlos mit ihr beschäftige. Und wenn ich ihr diese Forderung nicht erfülle, ist die Hölle los: Sie schikaniert mich dann mit tausend Ungezogenheiten, leert den Sirup auf den Teppich, schüttet die Dose mit den ganz feinen Perlen die Treppe hinunter und schaut zu, wie ich sie mühsam wieder aufsammle. Manchmal – mit voller Absicht – schmiert sie sich beim Essen voll, nur damit ich sie wieder sauber machen soll. Sie will sich auch nicht alleine anziehen. Nicht einmal in ihre

Hausschuhe schlüpft sie selbst. Und wenn ich es nicht für sie tue, macht sie uns die Hölle heiß! So resigniere ich immer wieder, bediene sie dann halt doch, dem Frieden zuliebe oder besser gesagt, weil ich ihre anhaltenden Szenen nicht ertrage. Ich bin am Ende meines Lateins und meiner Kräfte. Nach einem Tag solch schrecklicher Szenen wünsche ich, Regula nie geboren zu haben.«

Es gibt eine Hilfe, die keine Hilfe ist!

In meinen Kursen fordere ich die Eltern auf, zu überlegen, wie sie sich wohl fühlen würden, wären sie unselbstständige Erwachsene. Ich bitte deshalb auch Sie, dieses Buch für fünf Minuten wegzulegen und nachzuempfinden, wie Sie sich fühlen würden, wären Sie selbst unselbstständig. Schreiben Sie sich bitte Ihre Gedanken nieder und lesen Sie erst dann weiter.

Auf meine Frage, wie sich wohl ein unselbstständiger *Erwachsener* fühlt, kommen die Reaktionen der KursteilnehmerInnen Schlag auf Schlag, fliegen mir nur so zu:

- »Ich würde mir nichts zutrauen, wäre entmutigt und lustlos, hätte das Gefühl, aus eigener Kraft kaum etwas zustande zu bringen.«
- »Ich würde mich auf die anderen verlassen statt auf mich selbst.«
- »Ich würde mich meinem Partner gegenüber unterlegen fühlen, wäre auf ihn angewiesen, würde ihn wohl sehr oft um seine Meinung fragen, um zu erfahren, ob das, was ich tue, auch richtig sei.«
- »Ich hätte Zweifel an mir selbst, würde deshalb anderen imponieren wollen und würde wohl meine ArbeitskollegInnen, meinen Partner schikanieren.«

- »Kritik gegenüber wäre ich empfindlich, weil sie mein Selbstvertrauen anknabbern würde.«
- »Ich würde mich hilflos fühlen, z. B. in neuen Situationen und bei Konflikten, die zu lösen wären. Ich denke, dass ich mich auch schlecht entscheiden könnte.«
- »Ich würde mich hängen lassen, würde nicht gerne Neues anpacken, weil ich das Gefühl hätte, es gelänge mir ja doch nicht.«
- »Ich würde der Verantwortung ausweichen, sie den anderen anhängen.«
- »Ich denke, ich hätte ein tiefes Sinnlosigkeitsgefühl.«
- »Ich denke, ich wäre egoistisch.«
- »Ich könnte nicht wirklich lieben, weil ich zu sehr mit mir selbst beschäftigt wäre.«

Eine Kursteilnehmerin sagt:

»Es ist durchaus möglich, dass sich ein unselbstständiger Erwachsener einigermaßen wohlfühlt, solange sich sein ganzes Umfeld nach ihm richtet. Unselbstständige Menschen sind auf ihren eigenen Vorteil aus. Sie wecken bei den ›Helfertypen‹ den Wunsch nach Beistand, werden nie erwachsen.«

Ein Vater:

»Als unselbstständiger Erwachsener kann man sich in seinem sozialen Umfeld mit seinen Gefühlen, Aussagen und Taten nicht einbringen. Man kann sich nicht als wichtiges Glied einer Gemeinschaft fühlen, wird nicht ernst genommen und nimmt auch andere nicht ernst.«

Manche meiner jungen MitarbeiterInnen neigen dazu, die Kinder allzu sehr zu verhätscheln und zu bedienen. Dann gebe ich ihnen die Aufgabe, niederzuschreiben, wie sich wohl ein unselbstständiges *Kind* fühlt.

Eine Praktikantin schreibt:

So etwa muss sich wohl ein unselbstständiges Kind fühlen:

»Ich kann das nicht allein. Ohne die Erwachsenen bin ich hilflos. Die anderen können alles besser als ich, und darum versuche ich es schon gar nicht und schaue lieber zu. Ich fühle mich dumm, unfähig und minderwertig. Ich habe auch wenig eigene Ideen, weil ich nicht motiviert und deshalb träge bin. Erfolgserlebnisse fehlen mir weitgehend, weil die Großen bestens für mich funktionieren.

Auf meine selbstständigen Kameraden bin ich eifersüchtig und versuche manchmal, mich an ihnen zu rächen. Oft bin ich gehässig und lustlos, ekelhaft, frech und aufsässig.

Die Großen müssen immer für mich da sein, damit meine Wünsche erfüllt werden. Ich will, dass sie sich pausenlos mit mir beschäftigen, sonst langweile ich mich und treibe Unsinn oder hänge einfach herum.

Gerne verwickle ich mich in Machtkämpfe mit meinen Eltern, um sie für meine Wünsche einzusetzen.

Ich bin mir selbst der Nächste und fühle mich einsam, weil die anderen sich von mir zurückziehen.«

Als sie mir ihr Blatt zurückgab, sagte eine Praktikantin zu mir:

»Beim Nachempfinden, wie sich unselbstständige Kinder wohl fühlen, bin ich mir bewusst geworden, welch große Behinderung es für die Jungen und Mädchen sein muss, sehr verwöhnt zu werden und dadurch abhängig zu sein.«

Eine andere Praktikantin, die unter Depressionen litt, sagte:

»Ein unselbstständiges Kind meint, die alltäglichen Verrichtungen nicht selbst ausführen zu können, weil sie ihm ja stets von den Erwachsenen abgenommen werden. Aussprüche wie ›Dafür bist du doch noch zu klein‹ lassen es an seinen Fähigkeiten zweifeln. Es wird abhängig vom Erwachsenen. Diese Abhängigkeit besteht auch darin, dass der Erwachsene bestimmt, wozu es fähig ist und wozu nicht. Außerdem langweilt sich das Kind. Es lernt auch nicht, Verantwortung zu übernehmen und die Konsequenzen für sein Tun und Lassen zu tragen. Es wird bequem und egoistisch und nützt andere aus.

Ich selbst bin gerade eben ein Stück weit aus den Kinderschuhen herausgewachsen, bin – leider – eine unselbstständige Erwachsene, unsicher und voller Angst, etwas falsch zu machen. Ich fühle mich nutzlos und tief entmutigt, weil ich nicht weiß, dass auch ich etwas bewirken und somit verändern könnte. Da mir positive Erfahrungen weitgehend fehlen, fürchte ich mich davor, die Zügel selbst in die Hand zu nehmen. Ich unterwerfe mich, passe mich zu sehr an, ziehe es vor, andere über mich bestimmen zu lassen. Unselbstständigkeit macht unglücklich, weil man kaum eigene Erfolgserlebnisse hat, auf die man zurückgreifen und aufgrund derer man dann sagen kann: ›Ich war es, die dies oder jenes bewirkt hat.‹ Dabei wären solche Erfahrungen für mein Selbstbewusstsein so wichtig!«

Selbstverständlich trifft nicht jede dieser Aussagen auf jedes gut behütete Kind zu. Sicher aber ist, dass ein unselbstständiges, das heißt abhängiges Kind wenig Selbstwertgefühl hat. Es ist unsicher, auch wenn es seine Verlegenheit mit Ungezogenheit, Imponiergehabe, Quengelei oder Aggressivität kompensiert. Oftmals ist es aber auch schüchtern und mutlos, auf alle Fälle voller Ansprüche an die Eltern, an die Großen.

Im Kindergarten hängen diese Kinder dann oft passiv herum. Sie trauen sich wenig zu und befürchten, Neues nicht bewältigen zu können. Sie kommen mit der Freiheit im Kindergarten nicht zurecht, fühlen sich hilflos und verlassen. Und jetzt, im Kindergarten oder in der Schule, und später im Beruf und im Leben sind die Eltern nicht mehr da, um diese Lücke schnell auszufüllen. So wendet sich unsere große und gut gemeinte Fürsorge gegen unser Kind. »Nein, das haben wir ganz sicher nicht gewollt!«

Es ist eine Tatsache: Je lückenloser wir unserem Kind die Unbequemlichkeiten aus dem Wege räumen, es bedienen und über das Maß hinaus verwöhnen, umso mehr nehmen wir ihm die Bewältigung seines Alltags aus der Hand. Man kann das Kind auch mit Liebe erdrücken. Das Ergebnis ist ein lebensuntüchtiger Mensch. Erschwerend kommt hinzu, dass es ihm seine egoistische Lebenshaltung nicht leicht machen wird, gesunde Beziehungen aufzubauen und zu pflegen, denn »draußen« ist kaum jemand gewillt, seine Verwöhntheit fortzusetzen und zu nähren.

»Ist das nicht maßlos übertrieben? Unser Kind ist doch noch so klein! Und ich möchte es gerne noch für ein paar Jahre ganz für mich behalten. Es ist doch so lieb! Und wer weiß, ob es in einigen Jahren noch immer genauso süß ist. Ganz ehrlich: Ich möchte, dass es noch ein wenig von mir abhängig ist. Es hat ja noch viel Zeit, um selbstständig zu werden.«

Wenn Eltern diese Einstellung haben, muss das Kind die Rechnung jetzt oder später in seiner Pubertät und auch als Erwachsene/r mit viel Leid begleichen. Wollen wir das wirklich?

Täuschen wir uns nicht: Ich habe viele Kinder erlebt, die diese Unerfülltheit und Unsicherheit ertragen mussten, die ihren eigenen Weg nicht gehen durften, weil man ihn – meist mit guter Absicht und aus gut gemeinter Fürsorge – aus ihren Händen nahm.

Nicht jede Hilfe ist eine Hilfe!

Das unselbstständige Kind, das in der Familie meist im Mittelpunkt steht, stellt maßlose Ansprüche an seine Umgebung und entwickelt sich zum Tyrannen. Weil es wenig Widerstand entgegengesetzt bekommt, ist es nicht geübt, auch einmal mit einer Unannehmlichkeit fertig zu werden.

Zusammen mit Ihnen möchte ich nun überlegen, wie sich ein *selbstständiges* Kind fühlt. Und ich bitte Sie nochmals, das Buch für eine Weile wegzulegen und sich Ihre eigenen Gedanken zu machen, bevor Sie weiterlesen.

- Es hat ein natürliches Selbstvertrauen und ein gesundes Selbstwertgefühl.
- Es ist aktiv.
- Es ist realitätsbezogen.
- Es wird gebraucht. Man traut ihm etwas zu.
- Es ist spontan.
- Es ist lernbegierig und voll gesunder Neugier auf die Welt und das Leben.
- Es ist motiviert, spielt und schafft mit Hingabe, Freude und Ausdauer.
- Es kann seinen Tag weitgehend selbst gestalten.
- Es fühlt sich frei und zufrieden.
- Es lässt sich nicht so schnell entmutigen. Wenn einmal etwas misslingt, ist das nicht so schlimm. Nächstes Mal geht es bestimmt besser.
- Es kann für sich einstehen und seine eigene Meinung vertreten. In der Gruppe und unter fremden Leuten hat es den Mut, auch einmal »Nein« zu sagen.
- Es hat Freunde, kann sich in seinem sozialen Umfeld einbringen.
- Es wird ernst genommen und nimmt andere ernst.
- Es kann seinem Alter gemäß Verantwortung übernehmen.

Mit Selbstständigkeit meine ich nicht grenzenloses Gewährenlassen. Ich meine nicht, dass man dem Kind im »Laisser-faire-Stil« erlauben soll, haltlos zu tun und zu lassen, was immer es will. Wir wissen ja, dass das kleine Kind noch gar nicht fähig ist, sich in seinem Tun und Lassen jederzeit selbst Grenzen zu setzen.

Die Selbstständigkeit, die ich meine, ist das Gegenteil von Abhängigkeit, das Gegenteil von Angewiesensein auf den anderen. Es ist das Bedürfnis und die Fähigkeit, schon im ganz frühen Kindesalter das Mögliche selbst zu tun, ohne Hilfe der Großen.

Ich werde Ihnen noch schildern, wie das praktisch vor sich geht.

»Hilf mir, es selbst zu tun!«

Das ist einer der wichtigsten Leitsätze der Montessori-Methode.

An einem sehr niedrigen Gehsteig, kaum höher als eine Mokkatasse, beobachtete ich eine Mutter mit ihrer gut einjährigen Tochter. Das schmale Sträßchen war unbefahren. Von daher drohte also keinerlei Gefahr. Das Mädchen wollte sich ein Vergnügen daraus machen, auf den Gehsteig zu klettern und wieder hinunter, immer und immer wieder. Aus Angst, die Kleine könnte sich verletzen, umklammerte die Mutter ihre Hand und sagte wohl zum zwanzigsten Mal:

»Pass auf, sonst tust du dir weh!«

Es gelang dem Kind nicht, sich von Mutters Hand zu befreien, und so wurde es ärgerlich, begann zu quengeln und wollte getragen werden.

Welche Chance hat das Kind verpasst, lustvoll seine ersten Kletterversuche zu üben! Wäre eine eventuelle kleine Schürfung denn so schlimm gewesen gegenüber der Möglichkeit, sich ein kleines Stück Unabhängigkeit zu erwerben?

Im Treppenhaus steht die 15 Monate alte Marie-Anne. Sie hält sich am Geländer fest und ist dabei, jeden Winkel zu erkunden. Einige Schritte von ihr entfernt bleibe ich stehen und beobachte sie voller Spannung.

Sie betrachtet mich neugierig, zeigt dann auf die Tigerkatze, die sich auf dem Treppenabsatz putzt. Marie-Anne quietscht vor Vergnügen, steigt vorsichtig Schritt für Schritt höher, plappert unermüdlich, zeigt mir eine Ameise und ein Bonbonpapierchen, das sich auf die Stufen verirrt hat. Die Mutter kommt nachschauen, ob alles in Ordnung ist, und beim folgenden Gespräch weise ich auf die Selbstständigkeit ihrer kleinen Tochter hin.

»Wissen Sie, einmal ist Marie-Anne gestolpert und zwei Stufen hinuntergepurzelt, hat sich aber nicht verletzt. Ich habe mir danach ganz schön Vorwürfe gemacht. Trotzdem lasse ich sie wieder ins Treppenhaus gehen. Das Haus ist ja unten abgeschlossen. Von daher kann ihr also nichts passieren. Und seit sie gefallen ist, hält sie sich am Geländer fest.

Habe ich denn das Recht, sie wegen meiner eigenen Angst von ihren Abenteuern abzuhalten? Ich denke nicht, oder?«

Kinder werden meistens unterschätzt. Ihre Fähigkeiten reichen weiter, als wir es ahnen. Wie oft kommen Eltern hocherfreut in den Kurs und melden:

»Das ist unglaublich! Ich wusste gar nicht, was mein Kind alles kann. Und es ist heute viel zufriedener, ausgeglichener und ausdauernder als vorher, wo ich es noch bediente.«

Kinder in ihre Selbstständigkeit zu begleiten ist nicht immer bequem und verlangt von uns hin und wieder etwas Zeit und Verzicht auf unser gewohntes Arbeitstempo. Bald aber wird die ganze Familie die ersten Früchte unserer Geduld ernten können. Die Kinder werden weniger oft an unserem Rockzipfel hängen, was allen mehr Raum und Atem für entspannte Stunden gibt.

Der »Waiter«

»Alain, jetzt habe ich dir doch schon so oft gesagt, du sollst den Stift anständig in die Hand nehmen!«

»Barbara, jetzt stell dich beim Schuhebinden nicht schon wieder so kompliziert an!«

»Max, das kannst du nicht! Komm ich mache es für dich.«

»Caroline, wie oft muss ich dir noch sagen, die Gabel gehört in die linke Hand? Warte, ich zerschneide es dir.«

»Sue, hör doch endlich auf zu trödeln!«

Kürzlich wurde ich in ein exklusives Lokal zum Essen eingeladen. Und wie immer machte ich mir einen Sport daraus, die Kellner diskret zu beobachten, wie sie mit ihrer anspruchsvollen Aufgabe zurechtkommen. Das interessiert mich ganz speziell, weil Maria Montessori die Haltung geschickter ErzieherInnen mit der eines guten »Waiters« vergleicht. Ich habe erwähnt, dass ich meine Ausbildung zur Montessori-Kindergärtnerin in London gemacht habe. Lassen Sie mich deshalb diesen Ausdruck in der englischen Sprache beibehalten, weil er mir treffend erscheint. »To wait« heißt ja »warten«. Ein »Waiter« (Butler, Kellner, Diener) kann warten. Und ein guter »Waiter« zeichnet sich vor allem auch dadurch aus, dass er es versteht, sich diskret im Hintergrund aufzuhalten und erst dann einzuspringen, wenn er wirklich gebraucht wird, um sich dann ebenso unbemerkt wieder zurückzuziehen, ohne dass der Gast sich belästigt zu fühlen braucht. Neben einem vorzüglichen Essen machen geschickte KellnerInnen weitgehend die Qualität eines Restaurants aus.

Oder haben Sie schon einmal einen Kellner gesehen, der seinem Gast immer wieder das Besteck oder das Glas zurechtrückt oder ihm gar im Teller herumfummelt? Sicher nicht! Aber Hand aufs Herz: Wie oft »fummeln« wir in den Angelegenheiten unserer Kinder herum! Unnötigerweise!

Und wie viele Chancen zur Selbstständigkeit verbauen wir ihnen damit!

Machen wir es uns zur Regel: Was unser Kind selbst tun kann, sollten wir es tun lassen, denn:

Es gibt eine Hilfe, die keine Hilfe ist!

Wenn man sein Kind zur Selbstständigkeit anleitet, richtet sich seine Seele auf, wird stark und widerstandsfähig. Es wird sich, wenn wir uns konsequent, sicher und klar an die Spielregeln halten, die ich Ihnen in diesem Buch nennen werde, in Richtung des selbstständigen Kindes entwickeln, das wir vorher geschildert haben. Sein Tun wird Sinn bekommen, und es wird zur Eigenständigkeit und zur Eigenverantwortung finden.

Das Kind zur Selbstständigkeit anleiten heißt nicht, es verwahrlosen lassen. Denken wir an den »Waiter«. Er sorgt bestens für seinen Gast, doch er drängt sich nicht auf. Er hält die notwendige Distanz und ist ein ausgezeichneter Beobachter. Er wacht darüber, dass es seinem »Herrn« oder Gast an nichts fehlt. Er springt nur ein, wenn es wirklich erforderlich ist.

Auf das Kind bezogen heißt das nicht, dass wir es bedienen sollen. Wir dienen lediglich seiner Entwicklung zu einem starken, intelligenten und eigenverantwortlichen Menschen und lassen es an nichts fehlen, das ihm dazu verhelfen könnte. Das ist unsere Haltung des »Waiters«. Begleiten wir es mit unserer ganzen Liebe, wachsam, froh und voller Vertrauen. Lassen wir ihm genügend Spielraum, damit seine Seele atmen und sich entfalten kann. Dann kann es sich mit unserer Hilfe, sich selbst zu helfen, zu einem widerstandsfähigen, lebensoffenen und gesunden Menschen entwickeln, nicht fremdbestimmt, sondern eigenverantwortlich.

Unser innigstes Anliegen soll sein, das Kind zu sich selbst zu führen. Dann kommt unerwartet viel Gutes nach, wenn wir einige Regeln kennen und sie in unseren Alltag umsetzen. Was wir brauchen, ist Offenheit für manch Neues, Unbekanntes und die Bereitschaft, einiges am gewohnten Erziehungsstil zu ändern. Auch den Willen zu unserer ganz persönlichen Eigen-Ständigkeit, damit wir die Kraft finden, unserem Kind *seine* Unabhängigkeit zu gewähren und zu behüten.

»Das ist ja alles gut und recht. Sie haben leicht reden. Aber wie mache ich das? Wenn ich mein Tagespensum im Haushalt schaffen soll, kann ich keine Zeit vertrödeln, bin immer auf Trab. Dann binde ich Eves Schuhe schnell selbst und füttere Damian, weil es sonst nicht vorwärtsgeht. Eve muss um neun im Kindergarten sein. Was soll ich denn tun, wenn sie sich nicht anziehen will? Sie wird im Kindergarten ausgelacht, wenn sie zu spät kommt. Diese Peinlichkeit muss ich ihr doch ersparen, oder nicht?«

»Unser sechseinhalbjähriger Miki weigert sich, auf der Toilette seinen Po sauber zu machen. Das sei ›ekelhaft‹, meint er und stellt dafür uns Eltern an. Wenn wir uns nicht um seine unangenehme Angelegenheit kümmern, quengelt er so lange und lauthals, bis einer von uns schwach wird und nachgibt. Bald aber muss Miki zur Schule, und dort wird es ihm niemand mehr abnehmen.«

Machen wir nicht jede Angelegenheit unserer Kinder zu unserem Problem

Wenn Eve trödelt, statt sich für den Kindergarten bereit zu machen, ist es ihre eigene Angelegenheit, dass sie zu spät kommt. Wir sollten sie die Folge ihres Bummelns übernehmen lassen, obwohl es ihr – und auch uns – wehtut, wenn sie von ihren Kameraden gehänselt oder von der Kindergärtnerin gerügt wird.

Voraussichtlich wird sie nächstes Mal beizeiten im Kindergarten eintreffen.

Neuerdings stellt Eves Mutter ihrer Tochter eine Eieruhr auf den Tisch: »Wenn die Uhr klingelt, heißt das, es ist Zeit, die Schuhe anzuziehen und zu gehen.«

Eve hat noch etwas Mühe mit dem Schuhebinden. Deshalb und um die Nerven aller zu schonen, macht die Mutter (nur in dieser einen Situation, später am Tag gibt es kein Pardon mehr!) eine Ausnahme und schnürt sie ihr. Rechtzeitig in den Kindergarten zu kommen ist nun Eves Sache, was angesichts des kurzen und ungefährlichen Weges absolut vertretbar ist.

Wenn wir den Kindern jede, auch die kleinste Hürde aus dem Weg räumen, nehmen wir ihnen die Chance, auf eigenen Füßen zu stehen, Schwierigkeiten standzuhalten und sie zu überwinden. Sie werden uns und ihre Umwelt dann noch mit zwanzig für die Lösung ihrer Probleme verantwortlich machen.
Ebnen wir unseren Kindern nicht jeden ihrer Wege! Besser ist es, sie zu ermutigen, die kleinen Steinchen selbst wegzuräumen. Das gibt ihnen Mut und Selbstvertrauen. Voraussetzung ist, dass wir ihnen und ihren ungeahnten Fähigkeiten vertrauen. Diesen Kindern wird weniger zustoßen, weil sie gelernt haben, auf sich aufzupassen und der Welt mit wachen Augen zu begegnen.

Mikis Eltern zeigen ihrem Sohn, wie er seinen Po säubert, und machen ihm klar, dass es in Zukunft seine und nicht mehr ihre Angelegenheit sei, seinen Körper sauber zu halten. Von da an kommen sie nicht mehr in die Toilette, auch wenn er noch so sehr nach ihnen schreit.

Die fünfeinhalbjährige Maira kommt in den Kindergarten und holt sich gleich das Körbchen, das sie vorgestern zu flechten begonnen hat. Die Mutter winkt mich in den Gang:

»Maira hat uns heute früh eine Riesenszene gemacht. Sie gehe nicht in den Kindergarten, schrie sie uns an. Sie tobte und stampfte. Wissen Sie, was los ist?«

Frau Bader hat dunkle Ringe unter den Augen, und man sieht ihr den Kampf an, den sie mit Maira ausgefochten hat.

»Ich kann mir vorstellen, was los ist«, sage ich. »Maira hat vorgestern ein Körbchen zu flechten begonnen. Inzwischen ist sie dieser Arbeit überdrüssig geworden. Doch sie weiß, dass sie jeden Tag ein kleines Stück weitermachen muss. Das ist wohl der Grund, weshalb sie heute nicht in den Kindergarten kommen mochte.«

Beunruhigt verlässt uns die Mutter.

Unterdessen setzt sich Maira zu ihren Freundinnen und arbeitet vergnügt an ihrem Werk, macht sogar freiwillig ein Stück mehr, als sie müsste.

Nach einer halben Stunde klingelt das Telefon. Mairas Mutter fragt an, ob es ihrer Tochter inzwischen besser gehe. Sie sei so sehr in Sorge um ihr Kind. Ob es geweint habe und ob ich es denn nicht für ein einziges Mal vom Körbchenflechten befreien könne.

Maira sitzt noch immer quietschvergnügt bei ihren Spielkameraden nahe beim Telefon und bekommt die Unterhaltung zum Teil mit.

»Wer war am Telefon?«

»Deine Mama.«

»Was hat sie gesagt?«

»Sie hat gefragt, wie es dir geht.«

»Hast du ihr gesagt, dass es mir ganz, ganz schlecht geht?«

»Ich habe ihr gesagt, dass es dir gut geht«, sage ich schmunzelnd.

Mit wissendem Kichern blinzelt sie mich an und arbeitet eifrig weiter.

Statt die Angelegenheit ihrer Tochter zu ihrem eigenen Problem zu machen, hätte sich Mairas Mutter zu Hause einen entspannten Vormittag gönnen können. Denn bevor Maira mit dem Flechten ihres Körbchens begann, wurde sie von uns informiert, dass diese Arbeit Ausdauer erfordere und dass sie jeden Tag einige Runden flechten müsse. Sie war einverstanden. So war es vertretbar, diese tägliche kleine Mühe von ihr zu fordern.

»Jetzt pass doch auf! Gleich wirst du deinen Ärmel mit Konfitüre beschmieren!«

Und wirklich! Es vergeht keine Minute, und schon hat Jana den Ärmel voller Konfitüre.

»Was habe ich dir gesagt, du ungeschicktes Ding!« Widerwillig holt die Mutter einen Lappen und entfernt das Ärgernis. Jana schneidet ein trotziges Gesicht. Fünf Minuten später »passiert« Jana nochmals dasselbe Missgeschick.

Hat sich ein Kind daran gewöhnt, sich so weit wie möglich um seine Angelegenheiten selbst zu kümmern, wird es sich besser vorsehen und sich auch nicht scheuen, die Folgen kleiner Missgeschicke ganz selbstverständlich auf sich zu nehmen, das heißt in Janas Fall, die Konfitüre selbst vom Ärmel abzuwischen. Die Mutter könnte ganz einfach sagen:

»Oh Jana, da hat es Konfitüre an deinem Ärmel. In der Küche liegt der Lappen.« Dann könnte sie das Gespräch mit ihrem Mann fortsetzen.

Nicole matscht mit der Gabel im Teller herum und mault:

»Du weißt ganz genau, dass ich Kartoffelbrei nicht mag!«

Beleidigt verlässt sie das Esszimmer, wohl wissend, dass die Eltern nun gleich aufstehen und ihr etwas anderes zubereiten werden. Doch sie sind nicht mehr bereit, bei diesem täglichen Machtkampf mitzumachen, und haben beschlossen, die Essensangelegenheiten ihrer Tochter nicht mehr zu ihrem eigenen Problem zu machen. Sie tauschen einen kurzen Blick. Und statt aufzustehen, essen sie ruhig weiter und räumen anschließend den Tisch ab.

Nicole bemerkt sehr wohl das veränderte Verhalten ihrer Eltern, kommt ins Esszimmer zurück und klagt:

»Ich habe Hunger!«

»Weil du Kartoffelbrei nicht magst, haben wir abgeräumt«, sagt Vater ruhig und bestimmt. Für die Eltern ist das Thema erledigt. Beim Abendessen ist Nicole noch immer trotzig, aber sie greift zu, ohne zu murren.

»Unsere vierjährige Lisa macht sich immer wieder die Hosen nass, wenn sie sich beim Spielen vergisst. Alles Zureden ist vergeblich. Vier- bis fünfmal am Tag muss ich ihr die Kleider wechseln und neue anziehen. Der Arzt sagt, ihre Blase sei in Ordnung. Was soll ich bloß tun?« Im Laufe des Kurses hört diese Mutter auf, Lisas Problem zu ihrem eigenen zu machen. Sie ordnet ihre Wäsche, Socken und Jeans in die untersten Schubladen des Kinderzimmers. Und beim nächsten Mal sagt sie:

»Lisa, du weißt ja, wo deine frischen Kleider sind.« Darauf entfernt sie sich.

Sehr bald stellt Lisa fest, dass es unbequem ist, sich nass zu machen, und das Problem ist gelöst.

Auf herzerfrischende Art erzählt uns eine Mutter, sie habe sich lange Zeit geärgert, weil die Kinder abends nicht aufräumen wollten und auch beim Ausziehen endlos trödelten. Eines Abends hatte sie genug. Ohne jeden Kommentar duschte sie, schlüpfte in ihren Pyjama und ging, die Schlafzimmertür hinter sich zuziehend, mit einem Krimi zu Bett, ohne sich weiter um ihre beiden Racker zu kümmern. Nach einer halben Stunde klopfte es an ihre Tür:

»Mama, wir haben aufgeräumt, die Zähne geputzt und unsere Pyjamas angezogen!«

Gut gelaunt und ohne weitere Bemerkung begleitete sie ihre Kinder in die Betten und erzählte ihnen die Gutenachtgeschichte. Dann schliefen sie ein, ohne nochmals ihre Betten zu verlassen.

Wenn unsere konsequente Haltung von Ruhe und Wohlwollen begleitet ist und wenn wir nicht doch noch nachgeben, wird das Kind beginnen, über die möglichen Folgen seines Tuns und Lassens nachzudenken. Das ist ein unerlässlicher Schritt zu seiner Selbstständigkeit und auch zur Entspannung in der Familie.

Unterlassen wir es, uns wortreich für unsere Standhaftigkeit zu rechtfertigen. Denn Kinder sind schlau. Sie spüren unsere Unsicherheit und werden sie für ihre Zwecke zu nutzen wissen. Das ist nicht böse, sondern ganz einfach kindlich. Sie können unsere Schwäche nicht brauchen, denn sie sind angewiesen auf starke Eltern, die den Widerstand leisten, den sie so dringend benötigen, weil er ihnen Halt, Sicherheit, Kraft und Geborgenheit gibt. Wir sollten uns nicht schuldig fühlen, wenn wir unsere Jungen und Mädchen auf den rechten Weg weisen, sollten es ruhig, gelassen und mit innerer Sicherheit tun.

Erliegen wir nicht der Versuchung, den Kindern eine Standpauke zu halten oder sie zu ermahnen, sich das nächste Mal besser zu benehmen. Lassen wir unseren Zeigefinger unten. Je sparsamer wir mit Worten umgehen und je weniger wir uns abmühen und ärgern, umso besser! Nicoles Eltern ließen die Essensangelegenheiten ihr Problem sein und räumten den Tisch ab. Lisas Mutter erklärte ihrer Tochter lediglich, wo die frische Wäsche liegt. Und die Mutter der kleinen »Bummler« sagte überhaupt nichts und machte sich mit ihrem Krimi eine gemütliche halbe Stunde. Die Eltern hatten gemeinsam, dass sie *handelten*, und zwar mit einer wohlwollenden, freundlich-bestimmten Haltung, statt unablässig zu mahnen oder gar zu drohen. Doch davon später mehr.

Beeindruckt hat mich eine kleine Episode, die ich während meiner Ferien mitbekam:

Eine Mutter war im Begriff, mit ihren drei Kindern das Haus zu verlassen, um mit ihnen einen zweitägigen Ausflug in die Berge zu machen. Jedes hatte seinen eigenen Rucksack angeschnallt. Sie wollten sich eben Richtung Sesselbahn bewegen, als der mittlere der Jungen sagte:

»Du, Mami, Bob hat keine langen Hosen und auch keinen Pullover eingepackt!«

Ruhig blieb die Mutter stehen und sagte zum Kleinen:

»Am Abend kann es auf der Alp kalt werden.«

Sie wartete und ließ dem Fünfjährigen Zeit zum Überlegen. Nach einer Weile ging er ins Haus und kam mit einem wesentlich dickeren Rucksack zurück.

Als ich die Mutter einige Tage später wieder antraf, konnte ich mir die Frage nicht verkneifen, ob sie ihm den Willen gelassen hätte, hätte er sich entschlossen, ohne seine warmen Sachen zu gehen.

»Ja«, sagte sie. »Die drei sind gesund, und ein kleiner Schnupfen bringt keines um. Hätte Bob nachts auf der Alp frieren müssen, hätte er dazugelernt. Wie können Kinder Verantwortung üben, wenn man sie ihnen abnimmt?«

Ich freute mich über ihre Beherztheit, und meine Freude hielt den ganzen Tag über an.

Kinder, die gelernt haben, die Belange ihres Alltags, wo immer möglich, selbst in die Hand zu nehmen, werden sich als Jugendliche und Erwachsene im Leben besser zurechtfinden und es sicherer und mutiger angehen.

02
Wie interessiere ich mein Kind für neue alltägliche Verrichtungen?

In den Elternkursen bitte ich die Teilnehmer, sich in kleinen Gruppen zu überlegen, wie viele der alltäglichen Verrichtungen sie ihren Kindern der Einfachheit halber abnehmen. Die Eltern wissen nämlich sehr wohl, dass ihre Jungen und Mädchen sich schon längst selbst um diese Dinge kümmern könnten und auch sollten. Meist sind die Eltern höchst überrascht, wenn ihnen bewusst wird, wie viele Handreichungen sie ihnen abnehmen – weil sie es »gut mit ihnen meinen«. Doch der eigentliche Grund ihrer Hilfsbereitschaft ist meist der, dass es einfacher ist und schneller von der Hand geht, wenn man sich selbst um diesen Alltagskram kümmert. Es fällt manchmal schwer, den zuweilen ungelenk anmutenden Bemühungen der Kinder geduldig zuzusehen. Das Resultat unserer allzu großen Hilfsbereitschaft zeigt sich dann aber in Form von unselbstständigen, verwöhnten und egoistischen Kindern, die uns ausnützen und unendlich viel Energie und Nervenkraft abverlangen.

»Ich war echt erschrocken, als ich feststellte, wie unselbstständig meine Kinder sind. Das muss ich dringend ändern. Ich habe versucht, ihnen einige neue Tätigkeiten beizubringen. Aber ich glaube, ich mache etwas falsch. Als ich meinem dreieinhalbjährigen Roger zeigen wollte, wie er seine Jacke aufhängen soll, schaute er mir gar nicht zu, obwohl ich es ihm dreimal hintereinander und mit großer Geduld erklärte. Er riss sie mir aus der Hand und ließ sie dann zu Boden fallen, als ihm das Aufhängen nicht gleich gelang.«

Den richtigen Zeitpunkt abwarten

Meistens erklärt man seinem Kind eine neue Aufgabe sehr wortreich und voller Eifer, ihm die Sache auch wirklich begreiflich zu machen. Und was geschieht? Es verschließt sich unseren Belehrungen und stellt sich einfach taub. Und je mehr wir uns anstrengen und ereifern, umso unaufmerksamer und bockiger wird es. Wir ärgern uns, und die Sache ist verpatzt. Beim nächsten Mal sind wir schon am Anfang unseres Vorhabens angespannt, die Kinder voller Abwehr, und der Ärger ist vorprogrammiert.

Warten wir zuerst einmal den geeigneten Zeitpunkt ab, um das Kind mit etwas Neuem bekannt zu machen. Dieser ist gekommen, wenn es interessiert ist und von sich aus zu uns kommt. Ich weiß: Im Alltag ist es nicht immer möglich, den passenden Moment abzuwarten, denn es gibt Situationen, wo wir unserem Kind genau in diesem Augenblick etwas beibringen müssen und nicht eine Woche später. Doch im Allgemeinen lohnt es sich, uns zu gedulden, bis das Kind motiviert ist. Denn erfahrungsgemäß ist die eigene Motivation der beste Lehrmeister.

Kinder – und zuweilen auch noch wir Erwachsenen – haben immer wieder sogenannte »sensible Phasen«. Das sind Phasen, während denen man besonders interessiert ist, etwas Bestimmtes zu lernen. Einige sehr bekannte sensible Phasen sind zum Beispiel das Erlernen der Muttersprache, im zweiten Lebensjahr das Bedürfnis nach Ordnung und Regelmäßigkeit sowie das Nachahmen der Erwachsenen. Etwa mit vier Jahren zeigt sich Interesse an Zahlen, später an Buchstaben usw. Diese Phasen sind von Natur aus dazu da, dem Kind Lernprozesse zu erleichtern. Während solcher Perioden lernt es mit Leichtigkeit, einfach, weil die Empfänglichkeit dazu gegeben ist. Es gilt, diese Entwicklungsphasen zu nutzen. Wenn wir diese wunderbare Gelegenheit für den Reifungsprozess unseres Kindes wiederholt ungenutzt lassen, ist die Gefahr groß, dass es stumpf, interesselos, träge und quengelig wird. Verpasste sensible Perioden können zu einem späteren Zeitpunkt nicht mehr leicht nachgeholt werden. Wir können die sensiblen Perioden nicht ernst genug nehmen und sollten unsere Kinder behutsam und klug als »Waiter« durch sie hindurchbegleiten.

Wie ist das eigentlich bei uns Erwachsenen? Schon tausendmal haben wir erlebt, dass wir etwas Neues am leichtesten aufnehmen, wenn wir dazu motiviert sind. Sonst braucht das Lernen auch bei uns viel mehr Anstrengung und Willenskraft. Diese Erkenntnis können wir für unsere Kinder nutzen. Warten wir, wenn irgend möglich, den Moment der Motivation ab, um ihnen Neues nahezubringen.

Einmal kam Thomas mit weit aufgerissenen Augen auf mich zu:
»Heidi«, fragte er mich, »was ist Gelb?« Erstaunt zeigte ich auf sein T-Shirt und sagte: »Das ist gelb.« Darauf Thomas:
»Nein, Heidi, das meine ich nicht! Ich will wissen, was Gelb ist!« Da begriff ich, dass Thomas mir soeben eine wichtige Frage gestellt hatte. Und ich bedang mir etwas Zeit aus, um sie beantworten zu können. Er gewährte sie mir bereitwillig. Das war nun wirklich kein Pappenstiel! In der Bibliothek besorgte ich mir einige Fachbücher und unterstützte dann den wissbegierigen Jungen bei seiner »Reise« durch die Welt der Farben und des Lichts, eine seiner spannenden sensiblen Phasen. Es folgten noch viele weitere solcher Phasen, wie z. B. sein Interesse für Steine, ferne Länder, Raumfahrt, Lebewesen im Meer, Vögel, die Pyramiden und vieles mehr. Es war faszinierend, ihn dabei zu begleiten.

Es ist nicht gerade bequem, in Bibliotheken nach Fachliteratur zu graben, sich wieder dafür zu interessieren, wie viele Wunder es auf dieser Erde gibt, und den Kindern davon zu erzählen. Sicher, wir können uns damit zufriedengeben, ihnen auf ihre oft so schwierigen Fragen halbe Antworten zu geben, vielleicht aus Verlegenheit, nicht genügend Bescheid zu wissen, vielleicht auch, um unsere Ruhe zu haben. Das wäre jammerschade! Denn wir kommen nicht darum herum, die Wissbegier unserer Töchter und Söhne zu unterstützen, wollen wir nicht das Risiko eingehen, zusehen zu müssen, wie sie gelangweilt und demotiviert sinnlosem und vielleicht destruktivem Zeitvertreib nachgehen. Abgesehen davon: Wie reich sind diese spannenden Stunden, wo wir zusammen mit unseren Kindern staunend den Wundern auf unserer und um unsere Welt nachgehen.

Sich auf das Wesentliche beschränken

Der gut zweijährige Reto hält sich gerne in der Küche auf. Bis jetzt hat ihm die Mutter eine leere Pfanne und einen Schneebesen gegeben in der Annahme, ihr kleiner Sohn sei zufrieden, wenn er seine Mama beim Kochen nachahmen könne. Mutter schält gerade Karotten und Reto schaut interessiert zu. Heute lässt sie ihn sich an den Tisch setzen, schiebt ein Brettchen und einen Schäler genau vor ihn hin. Auch eine ziemlich große, handliche Karotte bekommt er. Nun setzt sie sich rechts neben ihn, legt die Karotte flach auf das Holzbrett und fährt mit dem Schäler sehr langsam darüber, immer wieder. Die abfallende Schale legt sie ins bereitgestellte kleine Becken. Nach jedem Zug mit dem Schäler dreht sie die Karotte ein klein wenig, bis sie rundum geschält ist. Das Vorzeigen geschieht im Zeitlupentempo, und unser Reto verfolgt das Geschehen mit großer Spannung. Neu ist, dass die Mutter nicht spricht, während sie ihrem Sohn die Verrichtung nahebringt. Weshalb nicht? Weil sich auf diese Weise die ganze Aufmerksamkeit des Kindes auf das Wesentliche, nämlich den Vorgang des Schälens, richten kann und nicht durch unnötig erklärende Worte abgelenkt wird.

Was müssen wir unserem Kind denn eigentlich erklären? Dass dies ein Brettchen und das ein Schäler ist, dass wir eine Karotte in der einen Hand halten und mit der anderen Hand darüberfahren? Ist das Kind nicht aufgeweckt genug, all das von alleine zu begreifen?

Wenn wir unserem Kind etwas begreiflich machen wollen, ist es nicht notwendig, ja sogar unklug, gleich zu Beginn unnötige Erklärungen abzugeben oder gar auf das Kind einzureden. Sonst sind sein Interesse und seine Konzentration schnell dahin und es wird sich unseren Belehrungen begreiflicherweise entziehen. Wir wissen, wie groß seine Fähigkeit ist, durch genaues Beobachten aufzunehmen, eine Fähigkeit, die im frühen Kindesalter ganz besonders ausgeprägt ist. Es gilt, diese Gabe zu nutzen.

Uns selbst sind die meisten täglichen Verrichtungen geläufig und selbstverständlich und wir vergessen leicht, dass sie aus vielen einzelnen Elementen, aus hundert kleinen Bewegungen zusammengesetzt sind. Denken wir ans Schuhebinden: Das Kind richtet seine volle Konzentration darauf, um den Ablauf dieser komplizierten Verrichtung erfassen und speichern zu können. Wenn wir es ihm zu schnell und auch noch wortreich vorzeigen, wendet es sich ab, weil es, überfordert, an sich zu zweifeln beginnt.

Sich eine neue Verrichtung anzueignen ist für das Kind eine Herausforderung. Wenn wir das Reden unterlassen und das Kind unseren ganz langsamen Bewegungen folgen lassen, werden wir erstaunt sein, mit wie viel Interesse und Hingabe es unser Tun beobachtet und schneller und freudvoller lernt als bisher.

Auf der Terrasse schaut Alinia ihrer Mutter beim Schuheputzen zu. Auch ihre kleinen roten Stiefel stehen dort. Bis heute hat sie die Mutter stets mit verschiedensten Unarten in Atem gehalten, weil ihr ganz einfach langweilig war. Sehr gerne möchte sie bei der Arbeit helfen. Aber Mama hat keine Zeit und wird nervös, wenn Alinia alles so ungelenk in die Hände nimmt.

Ganz anders heute: Mama holt ein größeres Plastikbecken, gießt etwas warmes Wasser hinein und greift nach einem kleinen Schwamm. Im Zeitlupentempo zeigt sie Alinia, wie man die Stiefel reinigt, ohne dass Wasser hineinfließt. Mit einem trockenen Lappen reibt sie langsam nach. Die Mutter erklärt nicht, und Alinia schaut gespannt zu, versucht es dann mit dem zweiten Stiefel. Auch wenn es noch nicht so ganz perfekt gelingt: Alinia ist eifrig dabei und verlangt nach einem weiteren Paar Schuhe, am liebsten die von Papa. Die Mutter zeigt ihrer Tochter, wie man den Schwamm ausdrückt und damit über die Schuhe fährt. Sie anschließend mit Politur einzureiben und auf Hochglanz zu bringen, das ist Spaß pur. Und mit wie viel Stolz präsentiert man sie abends seinem Papa!

Der kleine Timo ist ungeduldig, weil er seinen Mantel noch nicht zuknöpfen kann. Vater sieht seinen Unwillen.

»Komm, Timo, ich zeige es dir.«

Vater legt den Mantel flach auf den Boden und setzt sich rechts neben Timo. Ohne zu sprechen, beginnt er mit dem obersten Knopf. Ganz langsam schiebt er ihn von unten her durch das Knopfloch und holt ihn mit zwei Fingern der anderen Hand behutsam oben heraus.

»Hokuspokus«, sagt er und beide lachen. Er zeigt es seinem Sohn auch noch beim zweiten und dritten Knopf, ganz langsam. Jetzt hat Timo begriffen. Er versucht es und bald gelingt es auch ihm.

»Pokuspokus«, ruft er glücklich.

»Wenn du möchtest, versuchen wir es morgen, wenn du die Jacke anhast«, sagt Vater. Timo ist einverstanden.

Auch ein anderer Vater macht ernst mit der Erziehung zur Selbstständigkeit. Seit einigen Tagen hilft der dreijährige Stefan gerne in der Küche mit. Am Sonntag setzt Vater sich mit den beiden Kindern an den Küchentisch. Die Bohnen müssen geschnippelt und die Kartoffeln geschält werden. Zuerst nimmt er, zusammen mit Stefan und der zweijährigen Priska, die Bohnen in Angriff.

Er zeigt Stefan, wie man die »Zipfelchen« der Bohnen abtrennt, und wird nicht gleich ungeduldig, als der Knirps stattdessen große Stücke wegreißt. Er zeigt es ihm einfach nochmals im Zeitlupentempo. Stefan begreift. Die so geschnippelten Bohnen legt er neben sich auf den Tisch, und mit Wonne wirft die kleine Priska sie ins bereitgestellte Becken.

Stefan darf die Bohnen waschen. Dann hilft er die Kartoffeln schälen und Priska wirft die Schalen in den grünen Abfalleimer. Es ist ein zufriedener Sonntagmorgen.

Mit berechtigtem Stolz berichtet der Vater der Gruppe von seinem Erfolg. Und er findet, dass sich der Zeitaufwand, die Kinder in diese neue Tätigkeit einzuführen, hundertmal gelohnt hat.

Sich nicht zum Spielball des Kindes machen lassen

Frau Koller erzählt beim Pausenkaffee:

»Wenn ich meinem Albin etwas zeige, wie gestern das Hantieren mit der Laubsäge, will er mir nicht zuschauen. Er riss mir die Säge gleich aus der Hand und wollte selbst damit experimentieren. Wir bekamen Streit. Er warf das Werkzeug auf den Boden und sagte:

›Jetzt bist du selber schuld, dass ich nicht sägen will.‹«

Darauf fragt Frau Schweizer, eine ruhige, überlegte Kursteilnehmerin: »Ist es denn nicht Albins Sache, ob er das Laubsägen lernen will oder nicht? Wenn er nicht die Geduld aufbringt, dir zuzuschauen, dann soll er es doch bleiben lassen. Ich würde ganz einfach die Säge wegräumen und zur Tagesordnung übergehen.«

Eine andere Mutter erzählt:

»Ich wollte unserer Berthe zeigen, wie man das Garn mittels Einfädler durch das Nadelöhr ziehen kann. Sie wollte ihn mir aus der Hand reißen, ohne wirklich zugeschaut zu haben. Ich sagte:

›Berthe, wenn du mir zuschaust, zeige ich es dir gerne.‹ Es half nichts. Sie zappelte herum und schaute nicht zu. Da legte ich ganz ruhig Nadel und Faden weg. Erstaunt schaute sie mich an und ging dann auf ihr Zimmer.

Einige Tage darauf fragte sie mich:

›Mama, zeigst du mir das Nadeleinfädeln noch einmal? Ich sehe dir auch wirklich zu.‹ Sie holte Nadel, Faden und Schere und war eine gelehrige Schülerin. Seither macht sie es nur noch mit dem Einfädler.

Und was neu ist: Sie schaut aufmerksam zu, wenn ich ihr etwas Neues vorzeige.«

Viele Eltern klagen, ihre Kinder brächten nicht die Geduld auf, zuzusehen, wenn sie sie mit etwas Neuem vertraut machen wollten. Statt uns über die Ungeduld unserer Jungen und Mädchen zu ärgern, uns aufzureiben und verzweifelt zu versuchen, sie zu interessieren, lassen wir die Sache doch einfach *ihre Sache* sein. Stehen wir auf und ziehen uns zurück (ohne ärgerlich zusammengepresste Lippen!). Widmen wir uns ganz einfach wieder unseren eigenen Angelegenheiten, tun vielleicht etwas, das wir schon lange gerne in Angriff nehmen wollten! Werden wir nicht weich, wenn das Kind schmeichelt: »Mama/Papa, sei lieb und zeige es mir noch einmal. Ich werde dir auch ganz bestimmt zuschauen!« *Wir sind nämlich nicht die Spielbälle unserer Kinder!* Falls unser Kind einige Tage später interessiert ist, sich die neue Verrichtung anzueignen, können wir es ihm nochmals zeigen. Sollte es erneut unaufmerksam sein, dann ziehen wir uns wieder zurück und gehen ganz einfach zur Tagesordnung über. Wir werden erstaunt sein, wie schnell die Kinder aufhören, uns zu strapazieren, wenn wir ihre Angelegenheit nicht mehr zur unsrigen machen.

Das Kind nicht überfordern

Ein Vater erzählt:

»Bei mir hat das Vorzeigen nicht funktioniert. Ich wollte unserem Jack zeigen, wie man einen Segelflieger bastelt. Jeden Tag arbeiteten wir etwa eine Stunde, mit dem Resultat, dass er bockig wurde und bald nicht mehr mitmachen wollte. Das teure Material habe ich verschenkt.

Es ist ratsam, abzuwarten, bis sich das Kind von selbst einer neuen Verrichtung zuwendet. Das ist nicht immer möglich, denn es gibt Situationen, wo man es gleich jetzt damit vertraut machen muss. Doch meistens lohnt es sich, geduldig zu sein. Drängen zeigt meist wenig Erfolg und macht das Kind widerspenstig.

Das Basteln eines Segelfliegers ist eine äußerst anspruchsvolle Arbeit, die den achtjährigen Jack wohl überforderte. Dazu kommt, dass er von seinem Vater angehalten wurde, jeden Tag eine Stunde daran zu arbeiten. Bestimmt wollte er seinem Sohn Freude bereiten, indem er das Material für das Flugzeug beschaffte. Doch hätte er ihn zuerst fragen sollen, ob er überhaupt daran interessiert sei. Auch wäre es gut gewesen, ihn vorab zu informieren, wie knifflig und aufwendig ein solches Unterfangen ist.

In der Regel sollen Kinder selbst bestimmen dürfen, womit sie sich beschäftigen wollen.

Es wird schwierig, wenn wir das Kind durch unseren eigenen Übereifer zu sehr fordern. Denn es merkt sehr wohl, dass es *unser* Anliegen ist, ihm etwas beizubringen. Wenn dann noch unsere Ungeduld hinzukommt und wir bei seinen

Bemühungen ständig die Hände dazwischenhaben, es korrigieren und kritisieren, wird es verständlicherweise bockig und verweigert sich.

Nehmen wir nochmals das Beispiel Schuhebinden: Es ist nicht notwendig und auch nicht empfehlenswert, das Kind gleich mit dem ganzen, sehr komplizierten Vorgang des Bindens auf einmal vertraut zu machen. Ihm vorerst einen Teil davon nahezubringen zeigt meist mehr Erfolg. Ziehen wir unsere Lektion nicht in die Länge! Zeigen wir es ihm zwei- oder dreimal ganz langsam und bleiben wir dann in der Funktion des »Waiters« noch ein Weilchen bei ihm sitzen, vermeiden es aber, einzugreifen – außer es ist wirklich notwendig! Erst wenn das Kind begriffen hat, gehen wir zum nächsten Schritt über.

Brechen wir die Übung ab, bevor das Kind das Interesse verliert. Zu Zeiten, wo wir uns selbst nervös oder gar ärgerlich fühlen, sollten wir es vermeiden, unserem Kind etwas beizubringen. Warten wir besser einen Zeitpunkt ab, wo wir uns dem Kind ruhig und entspannt zuwenden können.

Nicht unnötig eingreifen

Im Kindergarten nimmt mich Alain bei der Hand und geht geradewegs auf das »römische Tor« zu, das er bauen will. Dieses »römische Tor« ist etwa 30 cm hoch und kann aus Bausteinen aufgebaut werden. Anhand von Sachbüchern zeige ich ihm, auf welch geniale Weise die alten Römer ihre Torbogen und Brücken gebaut hatten.

Dann machen wir uns ans Werk. Zuerst stellen wir das Gerüst auf, und ich lege die ersten Steine auf dessen Bogen. Alain macht weiter. Das erfordert viel Geschicklichkeit. Einmal fallen die Steine hinunter, und dann ein zweites Mal. Ich muss gestehen, es fällt mir schwer, nicht helfend einzugreifen.

Eine Weile bleibe ich bei Alain sitzen. Dann ziehe ich mich zurück, vertrauend darauf, dass er es schafft. Nach einer Viertelstunde zupft er mich aufgeregt am Ärmel: »Komm Heidi, ich hab's!«

In der Folge geht es darum, die passenden Steine um den Torbogen herum einzusetzen. Das ist schwierig. Ich bleibe bei Alain sitzen, ohne einzugreifen. Hin und wieder unterstütze ich ihn mit einem hilfreichen Wort oder einer kurzen Frage. Sobald ich sehe, dass er das Bauwerk selbst fertigstellen kann, entferne ich mich.

Nach einigen Minuten kommt er mit stolzgeschwellter Brust:

»Heidi, das Tor ist fertig.« Aus lauter Spaß hat er es mit Muscheln und Schneckenhäuschen geschmückt. Welcher Erfolg! Die Kinder bewundern sein Werk, äußern sich anerkennend.

Alain ist überglücklich. Er baut das Tor immer wieder neu auf. Einmal hat er eine Panne:

Auf einer Seite des Bogens hat er zwei falsche Steine eingeschoben. Es stimmt nicht mehr. Alain legt die Stirne in Falten und überlegt. Das ist der Punkt, wo ich wieder »helfend« eingreifen könnte. In Gedanken grabe ich meine Hände tief in meine Jeanstaschen und hänge mir ein schweres Schloss vor den Mund, gebiete meinen Füßen, zu warten, statt hinzugehen. Aus den Augenwinkeln beobachte ich ihn diskret. Da! Er hat sein Versehen entdeckt und entfernt einen Stein, dann den anderen, baut das Tor zu Ende. Energisch zerrt er mich an der Hand. Seine Augen leuchten. Unser sonst eher zurückhaltender Alain hat in seiner Entwicklung einen Schritt vorwärts getan!

Taka, knapp zweieinhalbjährig, holt die »gelben Zylinder« aus dem Regal. Zehn Zylinder aus Holz, angefangen vom großen, dicken bis zum kleinen, dünnen. Gestern hat er seinen Freund beobachtet, wie er sie der Größe nach nebeneinander auf dem Tisch anordnete. Heute will Taka es auch versuchen. Ich bin gespannt!

Da der Größenunterschied zwischen den Zylindern nur ungefähr 1/2 cm beträgt, ist es für den kleinen Mann recht schwierig, sie richtig anzuordnen. Und da hat er auch schon ein Problem. Er hat den fünften Zylinder vergessen und dreht ihn nun unschlüssig zwischen den kleinen Fingern. Wohin damit? Er versucht vergeblich, ihn in die Reihe zu kriegen. Verstohlen beobachte ich ihn und warte. Jetzt schiebt er alle zehn Zylinder zusammen, und zu meinem Erstaunen beginnt er, die Teile senkrecht zu einem hohen Turm aufzubauen, angefangen mit dem Größten und endend mit dem Kleinsten. So geht es leichter. Aber das ist noch nicht alles. Jetzt wirft Taka den Turm um und ordnet die Zylinder nochmals horizontal! Diesmal gelingt es ihm. Mein Herz schlägt Purzelbäume! Er hat es geschafft! Taka taucht auf aus tiefer Konzentration, begegnet meinem Blick. Sein ganzes Jungengesicht strahlt.

Wie gut, dass Taka diese schwierige Arbeit ganz allein und ohne meine eingreifenden Hände bewältigen und sich dann an seinem Erfolg freuen konnte!

Auf keinen Fall darf es darum gehen, dass das Kind möglichst korrekt oder sogar perfekt spielen soll. Das Wort »falsch« habe ich schon längst aus meinem Wortschatz gestrichen. Vielmehr geht es darum, unserem Kind eigene Lösungswege zuzutrauen, auch wenn sie nicht immer den Vorstellungen unserer Erwachsenenwelt entsprechen!
Wenn wir den Eindruck haben, unser Kind mache eine Verrichtung »falsch«, sollten wir nicht gleich eingreifen. Lassen wir es gewähren! Halten wir uns zurück und warten wir! Dann wird es immer wieder vorkommen, dass es ganz von alleine herausfindet, weshalb sein Vorhaben noch nicht den gewünschten Erfolg zeigt, und es wird versuchen, seinen Kurs zu ändern. Lassen wir ihm diese Chance und die Zeit, seinen eigenen Weg zu finden.

Wir sind manchmal regelrecht davon besessen, unsere Kinder zu Leistungen anzuspornen, uns in ihr Tun einzumischen, ohne zu merken, dass wir ihnen damit den Spaß daran vermiesen. Wenn das Kind uns vertraut und falls es wirklich nicht mehr weiterweiß, wird es ganz von selbst zu uns kommen, wenn es will.

Wenn wir einen Irrtum unseres Kindes nicht gleich zu korrigieren suchen, können wir vielleicht einige Tage später darauf zurückkommen. Von einer anderen Seite her können wir ihm die Sache nochmals zeigen, ohne es auf seinen Irrtum oder seine Schwierigkeit vom letzten Mal aufmerksam zu machen. Versteifen wir uns nicht darauf! Denn unser Kind ist von sich aus lernfähiger und experimentierfreudiger, als wir es ahnen.

Die fünfeinhalbjährige Stefanie interessiert sich fürs Schreiben. Vor sich hat sie einen Kasten mit großen Buchstaben aufgestellt. Sie beabsichtigt, das Wort »PAPA« zu legen. Da sie B und P noch verwechselt, schreibt sie »BABA«.

Übereifrige Erzieher würden das Kind nun gleich belehren. Stefanie würde die Lust am Experimentieren verlieren und den Setzkasten beiseitelegen. Schade! Weshalb nicht unser perfektionistisches Denken für eine Weile vergessen! Was soll's, ob Stefanie das Wort korrekt schreibt oder nicht? Wichtig sind nur ihr Eifer und ihre Begeisterung am Tun. Nichts anderes ist von Bedeutung!

Eine Woche später bastelt Stefanie ein kleines Geschenk für ihren Vater und will es in schönes Papier einwickeln.

»Willst du ›PAPA‹ daraufschreiben?«, frage ich. Sie hüpft zum Regal und kommt mit dem großen Setzkasten zurück.

Ich lege ein »P« auf den Tisch. »P«, sage ich. »Stefanie, kannst du ›P‹ hören, wenn ich sage: ›Papa?‹«

»Ja, und Post und Pudelhund und Peter und Pinguin!«
»Genau!«
Daraufhin legt sie von sich aus das Wort »PAPA« und schreibt es mit Goldstift auf das Paket.

Nicht unnötig einzugreifen sollte uns zur Lebenshaltung werden und sich nicht einzig auf die täglichen Verrichtungen unserer Kinder beschränken. In den Dingen des Lebens »Waiter« sein, loslassen, sich wo immer möglich in liebender, wachsamer Zurückhaltung üben und nur dann Ratschläge erteilen, wo es wirklich notwendig ist. Begleiten wir mit dieser Haltung nicht nur unsere kleinen Kinder, sondern auch später die pubertierenden und erwachsenen. So werden sie uns ihre Freunde nennen und unsere Freunde bleiben.

Für sinnvolle Beschäftigungsmöglichkeiten unserer Kinder sorgen

Ein Jugendlicher: »Ich baue Scheiße, weil ich mich langweile.«

Es ist nicht egal, was wir unseren Kindern für ihr Tun zur Verfügung stellen.

Sinnvolles Spielzeug und viel Material zum kreativen Schaffen machen hingebungsvolles Spiel möglich. Dann beginnt das Kind, sich darauf einzulassen. Die Konzentrationsfähigkeit übt eine ungeahnt positive Wirkung auf die Entwicklung unserer Kinder aus. Es ist eine Tatsache, dass sie interessiert, motiviert und zufrieden werden, wenn wir ihnen den Nährboden und die Unterstützung zu sinnvollem Tun gewähren.

Stellen wir uns vor, wir selbst hätten unbefriedigende, langweilige Arbeit zu tun, tagein, tagaus. Das wäre ganz einfach unzumutbar, eine Katastrophe!

Muss das Kind gelangweilt herumhängen, fällt ihm jede Menge Unfug ein, um aus der verzweifelten Lage des Nichtstuns herauszukommen. Langeweile führt zu einem tiefen Sinnlosigkeitsgefühl. Daraus ergeben sich vielerlei Unarten, die weitgehend verschwinden, sobald sich das Kind sinnvollen Beschäftigungen zuwenden kann. Dann wird sein Geist angeregt und genährt, und Leere und Unlust weichen der Spiel- und Schaffensfreude. Sein Leben bekommt Sinn.
Bald kann sich so das launische Kind zum ausgeglichenen, das sprunghafte zum ausdauernden, das träge zum aktiven und wachen Kind entwickeln. Und aus der Zufriedenheit sinnvollen Schaffens ergibt sich fast von selbst ein besseres soziales Verhalten. Dies gilt besonders auch für unsere pubertierenden Kinder. Sorgen wir dafür, dass ihr Leben durch sinnvolles Tun an Qualität, Spannung und Lebensfreude reich ist.

Was können wir unseren Kindern für ihr Tun zur Verfügung stellen?

Wunderbar ist alles Material, das zum Schaffen, Basteln, Werken, Experimentieren, Konstruieren, Überlegen anregt. Einige Vorschläge:

- Eine Unterlage zum Kleben und Werken
- Holz in jeder Form und Beschaffenheit
- Schrauben und Nägel

- Je nach Alter und Vernunft des Kindes eine kleine Säge
- Karton, Halbkarton, Wellpappe, Papier, Folien
- Klebstift, zusammen mit einem kleinen Schwammtuch zum Abwischen klebriger Hände
- Bleistifte, Farbstifte, Ölkreiden, Wasserfarben
- Je nach Alter und Vernunft des Kindes eine Schere (vorne abgerundet)
- Stoffabschnitte in verschiedenen Farben und Strukturen
- Schnur, Wolle, Faden, Nadeln, Perlen, Korkzapfen
- Kleine Gegenstände zum Sortieren wie Nüsse, Teigwaren, Murmeln etc.
- Puzzles
- Würfelspiele
- Denk- und Konzentrationsspiele
- Tastspiele, Riechspiele
- Material zum Bauen und Konstruieren
- Einfaches Buchstaben- und Zahlenmaterial, sofern die Kinder Interesse zeigen
- Gute Bilderbücher, Sachbücher und Lexika
- usw., usw.

All das lässt die Herzen unserer Kinder höher schlagen.

Ein Teil des oben aufgeführten Beschäftigungsmaterials lässt sich selbst herstellen, ohne dass dafür viel Geld ausgegeben werden muss.

In Leihbibliotheken sind interessante Kindersachbücher zu finden. Auf Flohmärkten und Kinderflohmärkten, die fast in jeder Stadt und in vielen Dörfern periodisch stattfinden, kann man mit etwas Glück gutes Material und Spielzeug zu Spottpreisen erstehen.

Die Konzentration unserer Kinder schützen

Schon das kleinste Kind ist fähig, sich seinem Spiel mit Hingabe und Ausdauer zuzuwenden. Die Fähigkeit zu konzentriertem Tun ist eine wesentliche Voraussetzung für die gesunde Entwicklung eines jungen Menschen. Wenn wir ihm Ruhe und Zeit lassen und nicht stören, werden wir erfahren, dass er bald zufriedener und ausgeglichener wird.

Leider kommt es immer wieder vor, dass wir unser Kind unnötigerweise bei seinem Schaffen unterbrechen. Vielleicht möchten wir ihm etwas erzählen oder wir fragen, was es da tut, oder es sollte uns noch schnell etwas holen …

Respektieren und schützen wir das Tun unserer Kinder als ihnen ganz allein gehörend. Stören wir unter keinen Umständen unnötigerweise ihre Konzentration! Sorgen wir für Ruhe! Wenn wir im Nebenraum oder gar im gleichen Raum fernsehen oder andere Aktivitäten betreiben, die sie an ihrer Konzentration hindern könnten, dürfen wir uns nicht wundern, wenn sie mit ihrem Spiel schon gar nicht erst richtig beginnen.

Schlagen wir dem Kind nicht vor, womit es sich beschäftigen soll. Lassen wir ihm die Wahl! Wenn es selbst entscheidet, was es tun möchte, wird es sich intensiver damit beschäftigen.

Wir sollten uns auch nicht dazu verführen lassen, jede freie Minute mit ihm zu spielen. Es muss lernen, sich auch selbst zu beschäftigen.

Informieren wir das Kind beizeiten, wenn etwas bevorsteht, z. B. dass es sich bald für den Kindergarten oder fürs Einkaufen bereitmachen oder den Tisch decken muss. Stellen wir ihm eine Eieruhr (nicht digital) auf den Tisch. Damit geben wir ihm die Möglichkeit, die noch zur Verfügung stehende Zeit selbst einzuteilen.

Wenn das Kind in seinem Schaffen eine Panne hat und nicht weiterkommt, dann sollten wir uns nicht dazu verleiten lassen, ihm gleich fix und fertige Lösungsvorschläge zu unterbreiten. Erinnern wir uns an den Leitsatz: *»Hilf mir, es selbst zu tun!«* Dort, und wirklich nur dort, wo es notwendig ist, können wir ihm einen kleinen Schritt weiterhelfen, nämlich bis zu dem Punkt, von wo aus es wieder selbst weiterkommt. Mit unserer Hilfe, es selbst zu tun, findet es zu seiner Eigen-Ständigkeit, zu einem befriedigten, freien und erfüllten Spielen und Schaffen.

Treiben wir unser Kind nicht zur Eile an! Lassen wir ihm, wann immer möglich, genügend Zeit. Kritisieren wir es nicht, wenn es langsamer vorwärtskommt, als wir es uns wünschten. Lieber langsam und lustvoll als gehetzt und oberflächlich. Es gibt schnelle Kinder, die ihre Arbeit durch »Schluderigkeit« zunichtemachen. Und es gibt langsamere Kinder, die ihr gemächlicheres Tempo durch exakte Arbeit wettmachen.

Im Kindergarten beobachte ich, dass es oft die langsameren Kinder sind, die gründlich arbeiten und befriedigende Resultate erzielen.

Nochmals: Gewähren wir unseren Kindern so viel Selbstständigkeit wie möglich. Unselbstständige Kinder sind unzufriedene Kinder. Aus lauter Langweile neigen sie dazu, uns zu tyrannisieren, aufsässig zu sein und ihre kindlichen Tricks anzuwenden, damit wir uns mit ihnen beschäftigen. Kinder, die wir mit ruhiger Standhaftigkeit zur Selbstständigkeit anleiten, wenden solche Tricks kaum an, denn ihr Tag ist ausgefüllt. Selbstständige Kinder spielen besser und viel konzentrierter.

Übersicht muss sein

Alex, fünfjährig, war einige Tage im Krankenhaus und wurde von seinen Besuchern mit einer Unmenge von Spielsachen überhäuft. Wieder zu Hause, fand er all diese »Herrlichkeiten« liebevoll auf seinem Teppich angeordnet vor. Ratlos und sichtlich unglücklich saß er inmitten dieses Überflusses. Eins nach dem anderen nahm er die Spielsachen in die Hände, um sie gleich wieder zurückzulegen, lustlos, enttäuscht. Er begann sich zu langweilen, verließ dann sein Zimmer und verwickelte gleich darauf seinen Bruder in einen heftigen Streit.

Nachdem die Mutter zusammen mit Alex einen guten Teil der Spielsachen weggeräumt hatte und der Rest übersichtlich angeordnet auf seinen Regalen lag, wählte er sich ein recht schwieriges Puzzle und beschäftigte sich damit hingebungsvoll eine volle Stunde lang. Dann half er seiner Mutter im Garten, war zufrieden und gut gelaunt.

Erst als Alex eine Auswahl sinnvoller Spielsachen wohlgeordnet und übersichtlich auf seinen Regalen vorfindet, gelingt es ihm, sich für eine Beschäftigung zu entschließen und sich in sein Tun zu vertiefen. Aus dem missgelaunten Jungen wird ein zufriedenes Kind.

Stellen Sie sich doch einmal vor, Ihre gesamten Utensilien, beispielsweise für Küche, Büro oder Werkstätte, lägen unordentlich verstreut umher. Ein solches Chaos würde Ihnen die Lust am Schaffen wohl gründlich vermiesen. Wahrscheinlich würden Sie aufräumen, um Ordnung in das Durcheinander zu bringen und um Ihre Sachen wieder griffbereit vorzufinden.

Im Montessori-Kindergarten ist das Spiel- und Arbeitsmaterial übersichtlich und ansprechend auf kleinen Tabletts, in Körbchen, Holzschachteln und Schalen auf Regalen angeordnet. Alles hat seinen festen Platz. So können sich die Kinder unabhängig vom Erwachsenen alles nehmen, was ihr Herz begehrt. Dazu gibt es eine Regel, nämlich, dass jedes Kind sein Beschäftigungsmaterial zurückstellt, bevor es sich etwas Neues holt.

Die »äußere« Ordnung einhalten heißt, eine »innere« Ordnung finden. Die Wirkung ist groß. Unsere Besucher sind freudig überrascht und können es kaum fassen, welch stimulierenden, wohltuenden Einfluss eine solche Umgebung auf die Kinder hat.

Versuchen wir, für eine gewisse Übersicht und Ordnung in den Kinderzimmern zu sorgen. Alles auf der Liste (Seite 48f.) aufgeführte Material wie Papier, Schere, Klebstift, Farbstifte etc. sollte seinen festen Platz in einem Regal oder gut zugänglichen Schrank haben, damit es von den Kindern stets leicht aufgefunden wird. Sie sollten es zurücklegen, bevor sie Neues holen. Andererseits sollten Bausteine, Spielautos und Eisenbahn, Puppen und Kuscheltiere frei im Kinderzimmer umherliegen dürfen und sollten nicht jeden Tag aufgeräumt werden müssen. Wenn wir auf den Boden des Kinderzimmers ein sehr großes Tuch legen und es zum Aufräumen, beispielsweise von Bausteinen, an den vier Ecken aufheben, ist das Zurückbefördern in die Spielzeugtruhe weniger aufreibend.

»Bei uns zu Hause ist es nicht notwendig, all dieses Material im Kinderzimmer aufzubewahren«, meint eine Mutter. »Die Kinder müssen uns nur sagen, was sie brauchen. Sie wissen, dass die Schere im Nähkörbchen in der Stube, der Klebstift und das Papier in Vaters Arbeitszimmer und die Gesellschaftsspiele im Flur aufbewahrt werden. Wenn sie basteln wollen, suchen wir ihnen irgendwelches wertloses Material zusammen. Weshalb das Leben unnötig komplizieren, wenn es einfacher geht?«

Es ist ein großer Unterschied, ob sich das Kind das Material in der ganzen Wohnung oder im Haus zusammensuchen muss und es deshalb wahrscheinlich bleiben lässt oder ob es alles griffbereit in *seinem* eigenen Regal oder Schrank vorfindet. Denn es wird lustvoller und intensiver spielen, wenn es seine *persönlichen* Sachen gleich zur Hand hat. Aus seinem eigenen, übersichtlich und attraktiv geordneten Material kann es jederzeit die Beschäftigung frei wählen, die seinem augenblicklichen Bedürfnis entspricht.

Die moderne Unterhaltungselektronik

»Wie verhält es sich mit der modernen Unterhaltungselektronik? Sollte man Kinder nicht schon früh damit bekannt machen, damit sie den Anschluss an die Schule nicht verpassen?«

Fernsehen und Computer

Als Chris bei uns eintrat, war ich sehr erstaunt, dass er nicht mit uns auf den Spielplatz kommen wollte. Der »Klutz« sei draußen und wolle ihn töten. Chris gut zureden zu wollen half nichts. Es war denn auch recht naiv von mir, Chris zu versichern, dass »Klutz« nur im Fernseher drin sei, nicht aber im Freien.

»Du lügst«, schrie er verärgert. »Ich habe ihn im Fernsehen ganz richtig gesehen, und er hat ein großes Messer!«

Zu Hause sitzt Chris täglich viele Stunden vor dem Fernsehapparat, ganz allein. Ich konnte nie in Erfahrung bringen – und ebenso wenig die Eltern – in welcher Filmszene er diesen »Klutz« gesehen hatte. Was hatte ihn so sehr geängstigt? Es vergingen Wochen geduldigen Zuhörens und Eingehens, bis Chris es wagte, mit uns auf den Spielplatz zu kommen.

Man soll das Fernsehen keineswegs bagatellisieren. Kleine Kinder erzählen mir immer wieder von ihren täglichen *Er-*

lebnissen am Fernsehschirm, denn *sie erleben das Filmgeschehen als absolute Wirklichkeit!* Sie können zudem den rasanten Ablauf der Bilder, auch wenn er noch so banal wäre, die allzu schnell aufeinanderfolgenden Eindrücke nicht bewältigen. Dies trifft auch auf die oft brutalen Trickfilme zu.

Wenn wir kleinen Kindern den Fernsehkonsum weder einschränken noch überwachen, kann das Filmgeschehen ihr Gemüt mehr belasten, als wir glauben. Zudem kann es ihre Gedankenwelt so sehr in Besitz nehmen, dass sie, gegenüber dem alltäglichen Geschehen stumpf und gleichgültig geworden, nur noch für das Laute, Schnelle empfänglich sind, für Betriebsamkeit und Unterhaltung, die sie konsumieren, ohne sich dafür auch nur im Geringsten anstrengen zu müssen. Nur noch auf »Action« eingestellt, fällt es ihnen schwer, Ruhe auszuhalten und bei ihrem eigenen Tun zu verweilen.

Mit dem Fernsehen sollten wir sparsam umgehen! Setzen wir uns, wenn immer möglich, zusammen mit unseren Kindern vor den Apparat, um den Film anschließend mit ihnen besprechen und verarbeiten zu können. DVD ist eine Hilfe, Filme vorab betrachten und beurteilen zu können. Es versteht sich von selbst, dass Nachrichtensendungen, Kriegs- und Kriminalfilme für kleine Kinder ein Tabu sein sollen!

Ein Kursbesucher hatte eine glänzende Idee:

»Ich habe verschiedenfarbige Chips hergestellt – jede Farbe für eine bestimmte Fernsehserie. Die verteile ich unseren Kindern jeweils am Sonntag und berücksichtige dabei ihr Alter. Die Chips müssen für eine Woche ausreichen. Damit mache ich gute Erfahrungen, und wir haben kaum mehr Streit ums Fernsehen.«

Vergessen wir nicht, dass das Kind eine spannende Geschichte, die *wir* ihm erzählen, tausendmal intensiver genießt als den lustigsten Fernsehfilm. Nie im Leben werden sie die Stunden vergessen, wo sie, wohlig und geborgen an unseren Lippen hängend, unseren Worten lauschten.

Übrigens sollten auch Computer oder Spielkonsolen nicht schon in den Spielzimmern von Drei- und Vierjährigen zu finden sein, denn die Konzentrations- und Lernfähigkeit wird durch ihre Benützung eingeschränkt. Lassen wir kleine Kinder noch Kinder sein und wie Kinder spielen! Lernfähig werden sie durch ihre persönlichen, alltäglichen Erfahrungen und nicht durch die »synthetischen« via Bildschirm.

CD, MP3-Player/iPod

Die Kinder, die ganztags bei uns im Kindergarten bleiben, halten über Mittag eine kurze Ruhepause. Auf kleinen Matratzen liegend und in Decken gehüllt, lauschen sie der Geschichte, die meine Mitarbeiterin ihnen erzählt. Die Jungen und Mädchen lieben diese fast feierliche halbe Stunde der Entspannung und Geborgenheit.

Umso mehr war ich dann erstaunt, als einige Kinder über die Mittagszeit nach Hause gehen wollten. Als ich nach dem Grund fragte, rückte eine Mutter mit der Sprache heraus: Die Mitarbeiterin hatte CD-Hörspiele mitgebracht, um sie den Kindern vorzuspielen. Diese Geschichten lösten bei den Kleinen so starke Ängste aus, dass sie sich vor der Ruhepause im Kindergarten fürchteten.

Nachdem die CDs aus dem Kindergarten entfernt waren, kamen die Kinder wieder zur Mittagsruhe.

Viele Geschichten auf CDs oder MP3 haben auf kleine Kinder eine ganz ähnliche Wirkung wie das Fernsehen. Die Kinder sehen zwar kein Geschehen auf dem Bildschirm, doch im Geiste machen sie sich ihre eigenen Bilder, die genauso furchterregend sein können.

Wenn wir uns den Inhalt der CDs und MP3-Player unserer Kinder anhören, werden wir überrascht sein, wie Angst einflößend einige davon auf unsere Kinder wirken. Sortieren wir sie am besten aus und ersetzen sie durch aufbauende.

Anstelle einer Dauerberieselung durch Musik oder Geschichten von iPod oder CD-Player ist es besser, dem Kind die Benutzung jeden Tag für eine Stunde zu erlauben, vielleicht während unserer wohlverdienten Mittagspause, bei der es sich in seinem Zimmer aufhält.

03 Kinder brauchen Ermutigung!

»Gina, lass das, dazu bist du noch zu klein«, sagt die Mutter, als ihre dreijährige Tochter den Tisch decken möchte, und nimmt ihr das Glas aus der Hand. Schmollend verlässt das Mädchen die Küche. Für den Rest des Vormittags ist sie schlecht gelaunt, drangsaliert ihre Mutter, hängt herum und klagt, sie wisse nicht, was sie tun solle.

Haben Sie schon erlebt, wie sorgsam ein kleines Kind einen Teller, eine Tasse, ein Glas tragen kann? Wie stolz es ist, den Gegenstand heil an seinen Bestimmungsort gebracht zu haben? Und wenn einmal etwas zerbricht, dann hat es eine neue Erfahrung gemacht. Nehmen wir ihm nicht den Mut! Es wird das nächste Mal noch besser aufpassen. Was ist ein zerbrochenes Glas im Vergleich zum Lebensmut oder -unmut eines kleinen Menschen!

Der achtjährige Peter hilft seiner Mutter beim Pfannkuchenbacken. Sie zeigt ihm, wie man sie wendet, füllt und in die bereitstehende Pfanne gleiten lässt. Peter hat eine bessere Idee. Er hat im Ferienlager gesehen, dass man Pfannkuchen in der Luft wenden kann. Schau, Mama, sagt er, und wirft den Pfannkuchen hoch. Er landet auf dem Boden. Bestürzt betrachtet er das Malheur.

»Ist mir auch schon passiert!«, sagt die Mutter

Peter liest den Pfannkuchen auf und reibt den Fettfleck mit einem Lappen weg.

Inzwischen gibt die Mutter Butter und eine Kelle voll Teig in eine kleinere Bratpfanne.

»Schau, Peter«, sagt sie, »ich zeig dir, wie das geht. Ist eine Übungssache.«

Sie lässt den Pfannkuchen etwas nach vorne über den Pfannenrand gleiten. Ein Dreh und – oh Wunder! – er fliegt ... und landet elegant wieder in der Pfanne.

Zuerst versucht Peter das Kunststück einige Male über dem Küchentisch. Beim dritten Mal gelingt es! O Freude! O Stolz! Glücklich genießt die Familie Peters Werk.

Aus eigener Erfahrung weiß ich nur zu gut, dass es im Alltagsstress nicht immer leicht ist, entspannt auf kindliche Experimente zu reagieren. Doch es lohnt sich tausendmal, ihnen mit etwas mehr Gelassenheit und einer guten Portion Humor zu begegnen.

Welche Bedeutung hat denn in zehn oder zwanzig Jahren, oder auch nur in einem Monat, ein kleines Missgeschick? Wohl keine! Aber ob unsere Kinder mit unserer klugen Begleitung Selbstvertrauen gewinnen oder nicht, hat sehr wohl eine Bedeutung!

Wenn ich ihr Tun bejahe, auch wenn es einmal nicht genau meinen Wünschen entspricht, werden sie ihrem Leben positiv gegenüberstehen. Reaktionen wie: »Du dummer Junge, musst du denn wirklich alles so ungeschickt anstellen?«, entmutigen zutiefst, töten sein Selbstvertrauen und vergiften zudem das Klima in der Familie.

Wir Erwachsenen sind zu sehr bestrebt, unsere Kinder mit unseren Vorstellungen zu bedrängen. Wir möchten fast unaufhaltsam auf sie einwirken, um sie vor unliebsamen Erfahrungen zu schützen. Wir wollen, dass sie sich nach unseren Wünschen entwickeln. Und wir ahnen nicht, wie sehr wir sie damit einengen. Vielmehr sollten wir sie begleiten. »Gleiten« hat mit Loslassen zutun, ist beschwingt und leicht. Wie können wir gleiten, wenn wir uns so sehr an unsere Vorstellungen klammern! Loslassen hat mit Vertrauen zu tun, Vertrauen in uns selbst und in unser Kind. Wenn wir ihm einen gesunden Nährboden, Luft, Liebe und genügend Spielraum gewähren, wird es sich ganz von alleine aufbauen, so wie es die Natur ganz selbstverständlich tut.

Wie verhält es sich eigentlich mit uns Erwachsenen? Lassen wir uns gerne bei einem Misserfolg ertappen? Oder sind wir heilfroh, wenn wir ihn selbst entdecken und ausbügeln können? Es kommt vor, dass wir sauer sind auf den, der uns bei einem Irrtum erwischt und ihn uns auch noch ganz unverblümt unter die Nase reibt.

Auch Kinder sind verletzlich. Und es kommt sehr leicht vor, dass sie uns mit Entmutigung und Antriebslosigkeit antworten, wenn wir sie bei ihrem Tun unnötig korrigieren oder gar kritisieren.

Begleiten wir unsere Kinder unterstützend und wachsam. Doch vermeiden wir es, sie bei ihrem Tun unnötig zu kontrollieren und zu kritisieren.

Machen wir es uns zur Gewohnheit, uns zuerst zu fragen, ob es überhaupt notwendig ist, einzugreifen! Halten wir uns als »Waiter« zurück.

Denken wir daran, dem Kind überall dort, wo wir es verantworten können, die Chance zu lassen, sein Versehen selbst zu entdecken und auszubügeln. Dann muss es sich nicht von uns geschulmeistert fühlen und wird sich weiterhin an seinen Experimenten erfreuen.

Wie viel Lob »erträgt« das Kind?

»Bei jeder Gelegenheit fragt mich unsere Pierrette, ob sie das ›gut‹ gemacht habe.

›Mami, habe ich das schön gezeichnet? Nicht wahr, Nina macht das nicht so gut wie ich‹, kann sie dann etwa einschmeichelnd zu mir sagen. Dann bin ich immer sehr unsicher, denn ich muss sie doch loben, oder nicht?«

»Ich gehe von der Annahme aus, dass man Kinder nicht genug loben kann«, sagt eine junge Mutter. »Und ich tue es auch ausgiebig. Lob bedeutet doch Zuwendung, und die kann man nicht genug bekommen, oder nicht? Aber immer öfter habe ich das Gefühl, dass mein fünfeinhalbjähriger Oliver nicht gut darauf reagiert. Ich finde, er entwickelt sich zum Faultier. Es kommt vor, dass er nur ein paar Striche auf ein Blatt Papier kritzelt und mich dann fragt: ›Gell Mami, das habe ich schön gemacht!‹«

Die größte Ermutigung für das Kind ist es, wenn es sich seinem Tun möglichst ungehindert und selbstständig hingeben kann. Erfolgserlebnisse, wie z. B. das von Alain mit seinem »römischen Tor« (Seite 43 f.) und das von Taka mit den »gelben Zylindern« (Seite 44 f.), bestärken es in seinem Selbstwertgefühl. Freuen wir uns zusammen mit ihm, wenn es wieder einen Schritt weitergekommen ist!

Wiederholt gespendetes, unverdientes Lob kann das Kind unbefriedigt zurücklassen. Es weiß nämlich sehr wohl, ob es die überschwänglich gespendeten Lorbeeren verdient hat oder nicht. Unverdientes Lob führt zu Trägheit, macht lustlos und überheblich, und leicht wird das Kind dadurch zum Minimalisten.

Eine vernünftige Form, Lob zu spenden, ist es, dem Kind seine Freude ganz ohne jeden Wertmaßstab kundzutun. Ein guter Teil unseres Lebensglücks besteht in unserem erfüllten Tun, welches in sich selbst lustvoll und befriedigend ist und keiner Wertung bedarf. Lob ist eine Be-Lohn-ung, mit der wir wie mit Schokolade umgehen sollten. Zu viel davon ist ungesund. Wenn wir Schokolade mögen und große Mengen davon in uns hineinstopfen, sind wir bald übersättigt und verlieren den Genuss ihres unvergleichlichen Aromas. Zudem wird uns der Appetit auf andere, gesunde Speisen verdorben. Ähnlich verhält es sich mit dem Lob. Zu viel davon verdirbt den Genuss am Tun. Unachtsam wird es entgegengenommen und der Appetit auf gesunde Beschäftigung geschmälert. Wie jammerschade wäre es, wenn unsere Kinder sich ihrem Schaffen nur noch mit dem Gedanken hingäben, dafür jedes Mal »Schokolade« in Form von Lob zu erhalten! Gehen wir damit mäßig um! Hin und wieder ein wohlverdienter »Riegel« davon – welche Wohltat für die Seele!

Ich ermutige Pierrettes Mutter, mit Lob sparsamer umzugehen und ihrem Kind zu verstehen zu geben, dass sie nicht bereit sei, es mit Nina zu vergleichen. Es hilft auch, zurückzufragen: »Freust *du* dich über deine Zeichnung?«

Ich denke, wir sollten unsere Kleinen ihren Beschäftigungen noch möglichst frei von unseren wertenden Kommentaren nachgehen lassen. In unserer Leistungsgesellschaft ist das immens wichtig!

Wenn uns das Kind immer wieder fragt, ob sein Tun und Lassen gut seien, sollten wir wachsam werden. Versuchen wir, bei uns, unseren Mitmenschen und unseren Kindern keine Wertmaßstäbe anzulegen. Begleiten wir unsere Kinder nicht mit »Schulnoten«, sondern mit einer annehmenden Grundhaltung als »Waiter«, ohne einzuengen und zu nörgeln. Freuen wir uns über ihre Fortschritte, über ihr unbeschwertes, erfülltes Tun. Die Folge davon ist, dass sie uns mit

Motivation, Lernfähigkeit und Lebensfreude antworten und mit einer gesunden Neugier auf alles, was der Tag und das Leben bereithalten.

Als Alains Unternehmen mit dem »römischen Tor« gelang, tauchte er aus tiefster Konzentration auf, lachte mich selig an, und ich strahlte zurück. Unsere gemeinsame Freude über seinen Erfolg war reinstes Glück und bedurfte weder einer Erläuterung noch »Schulnoten« irgendwelcher Art.

04 Grenzen

Selbstständig sein heißt auch frei sein. Doch wie weit darf diese Freiheit gehen? Wo gewähren wir sie unserem Kind und wo ist es notwendig, Grenzen zu setzen? Heißt Selbstständigkeit, dass das Kind in jeder Situation selbst bestimmen kann? Wäre es damit nicht überfordert? Würde es nicht zu sehr nach seiner Lust oder Unlust entscheiden? Heißt Selbstständigkeit, dass es Geld erzwingen kann, um sich am Kiosk mit Süßigkeiten und Comics einzudecken? Dass es Eis aus dem Kühlschrank nehmen darf, wann immer es will, dass es die Leute belästigen, anderen Kindern die Spielsachen wegnehmen und zu Hause die Familienregeln sprengen darf? Ganz bestimmt nicht!

Lassen Sie mich zum Thema »Grenzen« einige Beispiele aus dem Kindergartenalltag erzählen:

Neben der Küche steht ein kleines, weißes Tischchen. Darauf befinden sich auf einem roten Tablett zwölf kleine Trinkgläser und ein Krug mit Tee. Die Kinder können sich jederzeit davon bedienen. Eines Morgens machen sich zwei vierjährige Mädchen einen Spaß daraus, den Tee über die Gläser und auf den Fußboden zu schütten. Als ich dazukomme, sage ich ruhig und bestimmt:

»Ich sehe Tee auf dem Boden und auf dem Tablett. Zuerst gehört der Boden aufgewischt.«

Ich zeige ihnen, wo der Wischmopp hängt. (Unser Mopp für Kinder hat einen gekürzten Stiel zur Vorbeugung von Unfällen).

Als die beiden den Boden aufgewischt haben, trage ich das Tablett in die Küche.

»Die Gläser gehören gespült und abgetrocknet.«

Sie lassen warmes Wasser in den Spültrog laufen und binden die Gummischürze um. Zwischendurch beobachte ich sie aus den Augenwinkeln. Die eine spült emsig, die andere trocknet ab und stellt die Gläser auf das Tablett zurück. Nach einer halben Stunde sind sie fertig.

»Das Tablett ist schwer«, sage ich und trage es wieder auf das Tischchen zurück. Damit ist die Sache erledigt. Die Mädchen ziehen ihre Schürzen aus und gehen spielen.

Claudine und Florian machen »Rösti«. Während die geriebenen Kartoffeln in der Bratpfanne brutzeln, spült Claudine die Reibe, das Holzbrettchen und die Schäler. Florian trocknet ab. Dann decken sie den Tisch. Als ich etwas später meine Hände waschen will, bemerke ich, dass der Ablauf verstopft ist. Claudine, schlau wie sie ist, hat die an der Reibe haftenden Kartoffelreste abgespült und flink den Ablauf hinuntergestopft, um sich weitere »Arbeit« zu ersparen.

»Claudine«, sage ich, »da sind Kartoffelreste im Ablauf. Die gehören in den Abfalleimer.«

Ich gebe ihr einen alten Löffel, mit dem sie die Reste aus dem Rohr klauben kann, und entferne mich.

Die Angelegenheit ist erledigt, und niemand spricht mehr darüber.

Drei Jungen sind offenbar bitterböse auf mich, weil ich »schon« die Glocke zum Mittagessen geläutet habe, derweil sie doch noch so lange im Freien bleiben und Räuber spielen wollten. Alle Kinder begeben sich in den Kindergarten, wo auf dem Tisch bereits der Salat bereitsteht. Verärgert schlurfen die drei hinterher.

»Das ist ärgerlich, wenn man das Spiel unterbrechen muss«, sage ich. Sie würdigen mich keines Blickes.

Als alle Kinder am Tisch sitzen, sehe ich die Jungen draußen im Gang auf dem Boden herumrutschen. Sie machen keinerlei Anstalten, sich auch nur einen Zentimeter Richtung Esstisch zu bewegen. Mit verschränkten Armen und gekreuzten Beinen blicken sie mich grimmig an.

»Gleich beginnen wir mit dem Mittagessen«, sage ich zu ihnen, gehe ins Esszimmer zurück und singe mit den Kindern das Tischlied. Sehnlichst wünsche ich, die drei kämen endlich, doch sie rühren sich nicht vom Fleck. Eindeutig Sitzstreik! Was mache ich, wenn mir die kleinen Racker davonspazieren?

Drinnen fröhliches Gelächter und Geplauder. Eine Praktikantin räumt die Salatschüssel weg, bringt Nudeln und Fleischklößchen und gibt sie den Kindern auf die Teller.

»Es sind noch einige Fleischklößchen und etwas Nudeln übrig«, verkünde ich nach einer Weile vernehmlich, sodass es auch die Jungen draußen hören können. Geraschel im Gang und Getuschel. Man berät sich.

Wenig später marschieren die drei geschlossen zum Tisch und rutschen auf ihre Stühlchen. Hungrig verschlingen sie Nudeln und Fleisch. Inzwischen haben die anderen Kinder schon alles Eis aufgeschleckt und ihre Plätze abgeräumt. Essenszeit ist vorbei. Auch die drei kleinen Demonstranten tragen ihre leeren Teller in die Küche. Ihr Trotz ist verflogen. Am Nachmittag spielen sie entspannt und gut gelaunt. Offenbar sind sie niemandem böse. Ihren Ess-Streik haben sie nicht wiederholt.

Simone ist eine »schlechte Esserin«. Deshalb gibt ihr die Mutter jeden Morgen eine Dose mit kleinen Leckerbissen in den Kindergarten mit, wovon das Mädchen diskret nascht. Im Neun-Uhr-Kreis schüttelt sie wortlos den Kopf und fixiert mich unter seidigen Wimpern, wenn der Brotkorb und die Obstschale herumgereicht werden. Selbstverständlich nimmt sie beim Mittagessen bestenfalls ein Blättchen Salat zu sich, mich wiederum genau beobachtend. Reagiere ich nicht, haucht sie mir zu, sie habe keinen Hunger und sei müde. Am Abend wird sie mit einem gehörigen Nachschub an Schokolade und Eis abgeholt. Ein Gespräch mit der Mutter drängt sich auf. Sie darf Simone keine

Spezialkost mehr mitgeben, was sie betrübt zur Kenntnis nimmt: »Aber wenn mein Kind nicht isst, muss es doch zwischendurch etwas Nahrhaftes zu sich nehmen!«

Als mir Simone beim darauffolgenden Mittagessen erneut zuwispert, sie habe keinen Appetit, gebe ich ihr nichts auf ihren Teller und gehe ganz ruhig weiter zum nächsten Kind, trage die Schüsseln zurück in die Küche. Etwas später zupft mich Simone am Pullover:

»Ich habe aber Hunger«, sagt sie.

Ich gebe ihr einige Kartoffelpuffer und auch Fischstäbchen und – sehe ich recht? Fünf Minuten später verlangt sie eine weitere Portion! Ohne mit der Wimper zu zucken, gebe ich ihr das Gewünschte auf ihren Teller.

Von da an isst Simone bei der Zwischenmahlzeit um neun Uhr vom herumgereichten Brot und vom Obst. Und beim Mittagessen lässt sie kaum mehr etwas aus.

An dieser Stelle möchte ich darauf hinweisen, dass man ein Kind nicht über mehrere Stunden ohne Nahrung lassen soll. Dauert es allzu lange bis zur nächsten Mahlzeit, sollte man auch schlechten Essern als Zwischenmahlzeit einen Apfel, eine Karotte oder ein Stückchen Brot anbieten. Nimmt es die kleine Zwischenverpflegung an, ist es gut, andernfalls sollen wir seinen Willen respektieren, ohne daraus auch nur das geringste Aufheben zu machen. Keinesfalls dürfen wir ihm zwischendurch Süßigkeiten oder gar seine Lieblingsspeise anbieten!

Aus Bausteinen machen drei Jungen ein etwa drei Meter langes Gebilde, das verdächtig nach Kanone aussieht. Als ich an ihnen vorbeigehe, sagt Benny mit Engelsblick:

»Schau Heidi, das ist eine Bodenheizung!«

Ich schmunzle in mich hinein und gehe weiter. Aber das darauffolgende »Peng, peng« und das Weinen eines kleinen Mädchens lassen mich aufhorchen. Ich sage den Jungen, sie sollen die Bausteine zusammenräumen. Sie wissen genau, dass es im Kindergarten nicht erlaubt ist, Waffen zu bauen, und somit erübrigt sich ein weiterer Kommentar meinerseits.

Da zupft mich Benny am Ärmel:

»Heidi, Liebes, bitte, bitte, gib uns noch eine Chance, nur eine einzige! Lass uns die Bausteine! Wir versprechen dir auch, dass wir damit keine Kanone mehr machen werden.« Mit ihrem ganzen Charme versuchen die drei Knirpse, mich herumzukriegen.

Ich bleibe stehen, ohne ein weiteres Wort. Eine Minute lang warten sie noch hoffnungsvoll, dass ich schwach werde. Dann schicken sie sich an, ihre »Heizschlangen« abzubrechen.

Aus Übermut schüttet Yannick das Glasschälchen mit Nanas Pailletten auf den Boden.

»Die gehören zurück ins Schälchen«, sage ich bestimmt und reiche ihm einen Kartonstreifen, mit dem er die verstreuten Pailletten zu einem kleinen Haufen zusammenschieben kann. Nach einer Viertelstunde sind sie alle aufgesammelt. Er bringt sie mir mit der trockenen Bemerkung: »Das mache ich besser nicht mehr.«

Ich sage: »Gut.«

Wohl wissend, dass die Angelegenheit damit erledigt ist und dass ich ihm nicht böse bin, geht er zu seinen Kameraden zurück.

Die fünfjährige Marietta kommt neu zu uns in den Kindergarten. Sie schaut sich zuerst um und beginnt mich dann zu fixieren, lange und eingehend.

»Wenn ich jetzt gleich Pipi mache?«, fragt sie mich lauernd.

»Dazu haben wir die Toilette«, erwidere ich.

Dann lässt sie es laufen. Ein See macht sich auf dem Boden breit, während sie mich anstarrt, ein kleines, listiges Lächeln auf den Lippen.

»Ich zeige dir, wo der Wischmopp ist«, sage ich bestimmt und nehme sie an der Hand, um ihn zu holen.

»Du sollst aufputzen!«, befiehlt sie und will sich auf ein Stühlchen setzen.

»Mit nassen Kleidern kann man sich nicht setzen.«

Ich grenze den »See« mit Stühlchen ab, damit die Kinder nicht hineintreten, stelle den Mopp daneben und entferne mich. Unschlüssig bleibt Marietta stehen, sehr lange, so scheint es mir. Dann nimmt sie den Mopp und wischt die Lache auf. Ich gebe ihr frische Jeans, Socken und Höschen:

»Im Badezimmer kann man sich umziehen.«

»Zu Hause macht das meine Mami«, sagt sie. »Und ich will ein Kleid und keine Jeans!«

»Wir haben nur Jeans.« Ich lasse sie stehen und wende mich den Kindern zu.

Zehn Minuten später nähert sie sich langsam dem Badezimmer. In der Tür bleibt sie stehen, mustert mich abwägend, grinst herausfordernd, zeigt mir ihre kleinen, spitzen Zähne.

Inzwischen sind die Kinder aufmerksam geworden und schauen nach, was es Spannendes gibt. Ich weise sie auf ihre Plätze zurück, schiebe Marietta entschlossen ins Badezimmer und schließe die Tür. Aus dem Badezimmer kommt ein Wimmern, das als dramatisches Crescendo zum lauten Gebrüll ansteigt. Ich bleibe an der Tür stehen. Einmal will sie herauskommen. Sie misst meinen Blick, erkennt darin meine Entschlossenheit und zieht sich wieder zurück.

Die Zeit scheint stillzustehen. Ich bin sehr angespannt. Dann öffnet sich ganz langsam die Tür. Marietta hat sich umgezogen!

Die Sache ist erledigt. Marietta geht spielen und ist für den Rest des Vormittags ausgeglichen und zufrieden.

Ich kann nicht behaupten, dass ich mich während jeder dieser Situationen als Herr der Lage fühlte. Zum Beispiel kostete mich Mariettas Herausforderung äußerste Kraft und Selbstdisziplin. Ich musste ruhig bleiben und standhalten. Meine Nerven waren angespannt, hatte ich doch sowohl Marietta wie auch die anderen Kinder im Auge zu behalten. Es hieß, Mariettas Gebrüll und auch die Fragen und Blicke der Kinder auszuhalten. Da es Marietta nicht gelang, mich in die Knie zu zwingen, was sie zweifellos beabsichtigte, akzeptierte sie mich. In der Folge verbrachte sie zwei glückliche Jahre bei uns im Kindergarten. Nach ihrer Einschulung besuchte sie uns noch oft.

Versuchen wir, in solchen Situationen ruhig zu bleiben, so wenig wie möglich zu reden und klar und sicher zu handeln. Darauf werde ich im 7. Kapitel zurückkommen. Hat das Kind die Sache dann in Ordnung gebracht – in Mariettas Fall das Aufwischen des Bodens und das Wechseln der Kleider –, dann ist sie erledigt und man soll den Vorfall nicht mehr erwähnen, es sei denn, es handle sich um eine recht schlimme Unart unseres Kindes, die nach einem Gespräch verlangt, sobald sich die Lage entschärft hat.

Soweit verantwortbar, sollen Kinder die Folgen ihres Tuns und Lassens übernehmen. Dann werden sie zu überlegen beginnen. Schelten und auf sie einreden hilft nichts, das haben wir selbst schon hundertmal erlebt.

Ebenso wenig hilft endloses Hin- und Herargumentieren oder Aushandeln von Kompromissen, die vielfach von den Kindern nicht eingehalten werden. Mit einer wohlwollend-bestimmten Haltung sind wir glaubhaft, und sie können sich an uns orientieren.

Marietta, durch die vollzeitliche Berufstätigkeit ihrer Eltern einer unerfahrenen Betreuungsperson anvertraut, war fast rund um die Uhr sich selbst überlassen.

Was bezweckte sie nun, als sie mich mit ihrem »Pipi« herausforderte? Sie suchte verzweifelt ein starkes und standhaftes Gegenüber, an dem sie sich aufrichten und festhalten konnte, um aus ihrer qualvollen Uferlosigkeit festes Land, ein inneres Zuhause zu finden.

Marietta war ein Schiff ohne Kapitän, ziellos treibend und nach Halt suchend. Als sie rettende Grenzen erfuhr, die ihr diese so lange ersehnte Sicherheit und Geborgenheit gewährten, erlebte sie sie nicht als Einschränkung, sondern als Befreiung.

Bei einem Gespräch mit den Eltern wurde ihnen bewusst, wie sehr sich ihr Kind verlassen, ja ungeliebt fühlen musste und dass es nur den einen Wunsch hatte, von ihnen gehalten zu werden.

Sie änderten ihren Kurs, und Marietta wandelte sich allmählich zu einem ausgeglichenen, frohen und lernfähigen Kind. Sie hatte ihre Heimat gefunden.

Erziehen bedeutet auch aushalten können

Oft liegt es an uns, wenn wir den Durchbruch zu einem konsequenteren Erziehungsstil nicht finden. Wenn uns die Kinder mit allen Mitteln für ihre eigenen Ziele umzustimmen versuchen, können wir so oft nicht *standhalten*. Festbleiben bedeutet nicht, dass wir böse Eltern sind und den Willen unserer Kinder brechen wollen. Festbleiben heißt, mit Ruhe und Wohlwollen unseren Standpunkt klarmachen und auch halten, überall dort, wo es notwendig ist. Den Widerstand unserer Kinder auszuhalten ist nicht einfach und verlangt uns Kraft, Selbstdisziplin und Liebe ab!

Kinder nehmen unsere Führung dankbar an und können sich innerhalb von fairen und *vernünftigen* Grenzen sicher und geborgen fühlen. Sie werden zur Eigenverantwortung finden und uns nicht mehr für jeden ihrer Schritte verantwortlich machen.

Lernen wir aushalten. Lernen wir standhalten. Vermeiden wir es, aus Schwachheit und Unentschlossenheit nachzugeben.

Es gibt verschiedene Arten von Liebe. Es gibt die »Liebe«, die dem Kind alles gewährt, wenn es nur genügend Ausdauer hat, es von uns zu erzwingen.

Und es gibt die Liebe, die das Kind auf sein Leben vorbereitet. Wir alle wissen, dass das Leben hart sein kann. Spätestens im Kindergarten bekommt es das Kind zu spüren. Denn im Leben draußen ist man nicht gewillt, seine Verwöhnung fortzusetzen. Wie kann das Kind mit den Entbehrungen und Rückschlägen des Lebens zurechtkommen, wenn wir jede Frustration von ihm fernhalten?

Versuchen wir uns in einem ruhigen Moment zu fragen, wie es um unsere *Standhaftigkeit* gegenüber unseren Kindern steht. Sind wir gewillt, fest zu bleiben und Spannung *auszuhalten*? Könnte es sein, dass wir einmal beide Augen zudrücken und ein andermal umso härter eingreifen? Heikel ist es auch, wenn wir uns in endlose Diskussionen einlassen, woraus die Kinder meist als Sieger hervorgehen.

Es ist eine Tatsache, um die wir nicht herumkommen, dass Kinder Schaden an ihrer Seele nehmen, wenn sie keine Standhaftigkeit und gesunden Grenzen erfahren.

Kinder brauchen Freiraum

Selbstverständlich ist es mit dem Setzen von Grenzen allein nicht getan. Kinder brauchen auch viel *Freiraum*, damit ihre Seele atmen und sich entfalten kann. Nur in der Freiheit bleiben ihre Unbefangenheit, Lebendigkeit und Lebensfreude erhalten. Wir wollen keine angepassten Marionetten heranziehen, sondern starke und gesunde Menschen, die sich dem Leben froh, offen und voller Zuversicht stellen. Menschen, die »Nein« sagen können.

Lassen wir, wo immer möglich, den Kindern die Freiheit, zu entscheiden. Doch halten wir sie nicht davon ab, die

Frucht ihrer Wahl zu kosten, sei sie angenehm oder nicht. Zu wissen, wo wir unseren Jungen und Mädchen Grenzen setzen und wo Freiräume gewähren sollen, ist eine stete und oft sehr schwierige Gratwanderung.

Wenn wir uns am Donnerstagmorgen in die Turnstunde begeben, läuft das jedes Mal folgendermaßen ab:

Wir sammeln uns auf dem Spielplatz beim Kindergarten und begeben uns dann gemeinsam auf den Weg. Regel ist, dass sich die Kinder an den Händen halten müssen, damit nicht eines der Kleinsten auf die Straße springt. Sobald die ersten Kinder die Unterführung erreicht haben, geht ein ohrenbetäubendes Gebrüll los. Es ist bei uns Tradition geworden, dass man in der Unterführung schreien darf, so viel das Zeug hält, und die Jungen und Mädchen machen ausgiebig davon Gebrauch. Dass einige Passanten höchst unwillig auf diesen Ausbruch kindlicher Lebensfreude reagieren, berührt uns nicht. Kinder sollen sich austoben dürfen.

Die Kinder wissen, dass das Brüllkonzert sein Ende nimmt, sobald wir die Treppe zur anderen Straßenseite erreicht haben. Ganz selbstverständlich respektieren sie diese Regel.

Wenn wir bald den Pausenplatz erreichen, sind die Jungen und Mädchen nicht mehr zu halten. Atemlos laufen sie über den Wiesenweg, vorbei an den Schulhäusern, bis zum Eingang der Turnhalle. Es kann schon vorkommen, dass eines strauchelt, sich das Knie aufschürft und ein Pflaster benötigt. Doch habe ich das Recht, sie »anzuketten«, nur zu meiner eigenen Beruhigung?

Eilig ziehen sich die Kinder in der Garderobe um, wobei die Größeren den Kleineren helfen. So sind wir bald zum Turnen bereit.

Die riesige Turnhalle erscheint unseren Kindern wohl fast grenzenlos. Was tun sie also? Sobald sie eintreten, beginnen sie, ihre ganze Länge »abzumessen«: Ausgelassen rasen sie von Wand zu Wand, indem sie sich jedes Mal für einen Augenblick mit beiden Händen fest daran aufstützen und wieder losrasen, hin und her, hin und her. Bis die Musik einsetzt. Ganz ohne mein Dazutun sammeln sie sich dann im großen Mittelkreis und beginnen in seiner Begrenzung zu hüpfen und zu tanzen, ohne die Kreislinie zu überschreiten, ein fröhliches, entspanntes Ritual.

Sobald ich mit meiner Rassel ein kurzes Signal gebe, kommen sie mit erwartungsfrohen, offenen Gesichtern und roten Backen zu mir.

Durch Rituale bei Musik und frohem Spiel erhalten sie im großen »Frei-Raum« der Halle Sicherheit, Halt und Struktur.

Vor allem am Turntag berührt es mich immer wieder ganz tief, wie sehr Kinder innerhalb eines möglichst weiten Freiraums Grenzen, Regeln und Rituale suchen, innerhalb deren sie sich sicher, glücklich und frei bewegen können.

Wenn wir unsere Jungen und Mädchen überall dort freigeben, wo es möglich ist, und dort klare Regeln aufstellen, wo sie notwendig sind, schaffen wir ihnen eine Grundlage, zu gesunden, freien und verantwortungsbewussten Menschen heranzuwachsen.

Es ist mir nicht möglich, alle Situationen aufzuzählen, wo Grenzen angezeigt sind. Dieses Thema allein würde wohl einige Bände füllen. Einige klassische Beispiele möchte ich hier aber doch nennen:

Wenn unsere Kinder streiten

»Unsere beiden Mädchen streiten sich von morgens früh bis abends spät. Und je mehr ich zu schlichten versuche, umso mehr geraten sie sich in die Haare, sodass im wahrsten Sinne des Wortes die Fetzen fliegen.

Wenn es zu schlimm wird, schicke ich sie für eine Stunde in ihre eigenen Zimmer. Aber sobald ich sie aus dem Arrest befreie, geht das Theater von Neuem los!«

Unzählige Eltern sind verzweifelt über die ewigen Reibereien zwischen ihren Kindern und suchen einen Ausweg aus diesem Teufelskreis.

Zufriedene Kinder streiten weniger. Oft sind es innere Spannungen, die sich im Streit entladen. Man kommt nicht darum herum, sich nach Ursache und Ziel der kindlichen Zerwürfnisse zu fragen, wenn sie allzu zermürbend werden und das Familienleben darunter leidet. Ist Eifersucht unter den Geschwistern im Spiel? Ist es ein unermüdlicher Machtkampf, der Kinder zu tausend kleinen Sticheleien verleitet? Ist es Lust auf Rache, die durch ungeschicktes Eingreifen der Erwachsenen nur noch geschürt würde? Könnte es sein, dass die Kinder ihrer verschiedenen Wesensart wegen immer wieder aneinandergeraten, weil sie sich gegenseitig auf die Nerven gehen? Handelt es sich um eine »Dreierbeziehung«, bei der häufig eines zurückbleibt? Oder sind die kindlichen Konflikte Spiegel elterlicher Zerwürfnisse?

Meist ist es klug, sich aus Streitigkeiten herauszuhalten, es sei denn, sie arten in Handgreiflichkeiten aus, oder eines der Kinder sei auf körperlicher oder seelischer Ebene stets das Unterlegene, oder die Kinder fänden wirklich keinen Ausweg aus ihrem Disput.

Auseinandersetzungen unter Kindern sind oftmals für die Ohren der Erwachsenen in Szene gesetzt. Es kommt auch immer wieder vor, dass das scheinbar schwächere Kind seinen Bruder oder seine Schwester mit tausend kleinen Sticheleien zu unbedachten Reaktionen herausfordert, um die Eltern dazu zu bewegen, Partei gegen sein Geschwister zu ergreifen. Oftmals hören Kinder auf, zu streiten, wenn wir aufhören, uns einzumischen. Andererseits gibt es Situationen, wo sich die Hilfe des Erwachsenen aufdrängt, so zum Beispiel, wenn der Streit unfaire oder in irgendeiner Weise ungesunde Formen annimmt oder wenn die Kinder mit dem Aushandeln einer gerechten Lösung nicht zurechtkommen.

Streiten muss gelernt sein, und es braucht vonseiten des Erziehers viel Feingefühl, ein offenes Herz und offene Ohren, um herauszufinden, ob er eingreifen oder sich lieber als »Waiter« zurückhalten soll.

Es kommt vor, dass sich Kinder allzu sehr ineinander verkeilen und keinen Ausweg aus ihrem Streit finden. Statt zu tadeln oder zu bestrafen, drängt sich dann die Kunst echten Zuhörens auf, die selbst schwierigen Konflikten den Stachel nehmen kann. Das Geheimnis dabei ist:

1. Ruhig und möglichst entspannt die Schilderungen der Kinder anhören.
2. Den Konflikt kurz in Worte fassen, ganz ohne zu urteilen oder zu werten und ohne sich in den Streit hineinziehen zu lassen: »Da sehe ich zwei Kinder, die ganz schön böse aufeinander sind! Ihr habt gemeinsam ein Flugzeug gebaut, und wie ich höre, seid ihr euch uneinig darüber, wer es zuerst zu sich nach Hause nehmen darf.«
3. Den Standpunkt jedes Kindes, und wenn möglich seine Gefühle, kurz zurückmelden, ohne zu bewerten oder Partei zu ergreifen. »Felix, ich höre, dass du das Flugzeug zuerst nach Hause nehmen möchtest, weil du deinen Vater fragen willst, ob er dir helfen könne, die Düsen noch besser zu befestigen. Du bist enttäuscht, dass Beat dich nicht unterstützt.
   Und Beat, du möchtest das Flugzeug als Erster mit nach Hause nehmen, weil du länger daran gearbeitet und auch das Material dazu geliefert hast. Und du bist aufgebracht, weil du denkst, Felix' Argument mit den Düsen sei nur ein Vorwand.«
   An diesem Punkt sind die meisten Eltern versucht, Lösungen anzubieten. Lassen Sie sich nicht dazu verleiten!
4. Die Kinder wissen lassen, dass Sie ihnen zutrauen, einen Weg aus dem Konflikt zu finden:

»Nicht ganz einfach! Ich bin gespannt, wie ihr das Problem lösen werdet!«

5. Sich zurückziehen.
6. Hilfreich ist es, die Kinder zu veranlassen, ihr Streitplätzchen aufzusuchen, z. B. einen kleinen Teppich, die Couch, eine gemütliche Zimmerecke, wo sie ihren Zwist austragen und das sie erst verlassen sollen, wenn die Uneinigkeit bereinigt ist. Wir selbst ziehen uns als "Waiter" zurück.

Ein weiteres Beispiel:

Mutter: »Oh, da sehe ich zwei Kinder, die nicht miteinander zurechtkommen. Und ich sehe, dass die schöne Brücke, die ihr so sorgfältig aufgebaut habt, zusammengefallen ist.«

Zeno: »Die hat Nellie umgeworfen! Die blöde Gans! Mit der spiele ich nie wieder!«

Nellie (weinend): »Zeno hat mich gehauen, weil mir ein Baustein auf die Brücke gefallen ist!«

Zeno: »Und dann hat sie die ganze Brücke umgestoßen!«

Mutter: »Zeno, es ärgert dich sehr, dass Nellie die Brücke umgestoßen hat. Und du, Nellie, sagst, du hättest den Baustein nicht absichtlich fallen lassen, und du bist wütend, weil Zeno dich gehauen hat.«

Zeno und Nellie: »Ja, genau!«

Mutter überlegt. »Schade um die Brücke und um euren freien Nachmittag, Ja, was macht man da? Ist nicht ganz einfach. Wetten, dass ihr einen Weg finden werdet?«

Nellie: »Ich gehe in mein Zimmer.«

Zeno: »Ich bleibe hier.«

Zehn Minuten später schaut Nellie nach, was Zeno macht. Er hat die Bausteine sortiert und ist im Begriff, die Brücke wieder aufzubauen. Bis zum Abendessen sind die beiden dabei, sie wieder instand zu setzen.

Die beiden Streithähne haben recht leicht wieder zusammengefunden. Warum? Die Mutter hat es unterlassen, Partei zu ergreifen. Sie hat kein Aufheben aus dem kindlichen Zerwürfnis gemacht, hat kurz und entspannt den Ärger jedes der beiden Kinder zurückgemeldet. Der Rest wurde von den Kindern bewältigt.

Es kann vorkommen, dass Kinder in einer Konfliktsituation nicht zu einer gemeinsamen Lösung finden. Dann können wir ihnen unaufdringlich, fast nebenbei, einen oder zwei Lösungsvorschläge unterbreiten und uns dann zurückziehen. Wenn der Streit in Tätlichkeiten ausartet und die Kinder sich wehtun würden, müssen wir einschreiten. Doch bin ich immer wieder erstaunt und tief berührt, wie schnell Kinder ganz ohne mein weiteres Dazutun zu einer Lösung finden und wieder ganz zufrieden miteinander spielen. Manche Kinderfreundschaft hat sich auf diese Weise angebahnt.

Im Grunde sind Kinder unglaublich friedfertig. Manchmal liegt es an uns, wenn sich Zwist oder gar Feindschaft zwischen ihnen einstellt.

Streiten, wenn ein gesundes Maß nicht überschritten wird, bedeutet Vorbereitung auf das Leben. Wer richtig streiten gelernt hat, kann sich in der Schule und in der Erwachsenenwelt besser durchsetzen!

Zum Schluss noch ein erfrischendes Beispiel von drei Kindern, eines davon vierjährig und zwei dreijährig:

Der Vater hört Gezänk aus der Küche. Dann kommen alle drei angerast:

»Papa, du musst uns noch ein Joghurt kaufen. Wir sind drei und haben nur zwei Joghurts!«

»Drei Kinder und zwei Joghurts! Das ist schwierig! Und noch schwieriger wird die Sache, wenn ich euch sage, dass heute der Laden zu ist. Wetten, dass ihr das Problem löst!«

Die Kinder beraten und hantieren in der Küche.

»Papa, kannst du uns vier Stück Brot abschneiden?«

Gespannt geht der Vater in die Küche. Auf dem Tisch aufgereiht stehen vier Dessertschälchen, in die die Kleinen das Joghurt gleichmäßig verteilt haben, vier Sirupgläser und vier Löffelchen. Brot und Brotmesser liegen säuberlich daneben. Vater schneidet Brot.

»Dieses Schälchen und ein Stück Brot gehören dir, Papi«, sagt die Kleinste. »Machst du uns noch Sirup?«

In froher Stimmung wird die Zwischenmahlzeit eingenommen!

Wenn es gefährlich wird

»Unser vierjähriger Markus ist viel zufriedener geworden, seit er selbstständig ist. Wir behüten und schonen ihn nicht mehr rund um die Uhr. Er ist richtig aufgeblüht. Doch kann Selbstständigkeit nicht auch zu weit gehen? Er wollte den Topf vom Herd nehmen, um das kochende Wasser in den Teekrug zu gießen.«

Wenn wir unsere Kinder zur Selbstständigkeit anhalten, bleiben wir nicht davon verschont, wachsam zu sein, um sie vor möglichen Gefahren zu schützen. Weisen wir kurz, klar und bestimmt darauf hin:

»Markus, da ist kochendes Wasser drin. Das mache ich!«

Vielleicht lassen wir ihn den Topf berühren, damit er sich vergewissern kann, wie heiß er ist.

Müssen wir unserem Kind etwas vorenthalten, dann können wir ihm dafür etwas anderes anbieten. So handelt die Mutter zum Beispiel klug, wenn sie Markus eine andere Beschäftigung anbietet, weil er den Topf nicht selbst vom Herd nehmen darf.

»Weißt du was, Markus? Hättest du Lust, eine leckere Salatsoße zu machen?«
Markus geht gerne auf ihren Vorschlag ein und preist seiner Familie beim Abendessen seinen Salat »Nouvelle Création Marc« an.

Kinder haben oft eine unbändige Lust, Gefährliches und Verbotenes auszuprobieren:

»Unser Sohn ging unerlaubterweise auf den halb zugefrorenen Teich.«
»Unsere Fiona fuhr mit dem Dreirad auf die Hauptstraße, wohl wissend, dass das streng verboten ist!«
»In unserer Abwesenheit spielte Karl mit den Zündhölzern.«

Gefahren üben eine große Anziehungskraft auf die Kinder aus. Ich kann mich noch sehr gut erinnern, wie ich, etwa neun Jahre alt, klammheimlich ein Seil über die zwei parallel zu unserem Haus gespannten Leitungen geworfen hatte, ganz einfach weil ich wissen wollte, ob auch wirklich Strom darin ist und ob es stimmt, dass man vom Strom »echt stirbt«, wenn man das Seil mit beiden Händen berührt. Ich *musste* es ganz einfach wissen! Diese unüberwindliche Neugier war es, die mich zwang, die Gefahr zu testen!

Wo Sicherheit und Gesundheit unserer Kinder gefährdet sind, heißt es Grenzen setzen, klar und unmissverständlich. Doch der Alltag zeigt, dass es kaum möglich ist, Kinder vor jeder Gefahr zu bewahren. Und ich glaube, dass jedes Kind einmal – oder vielleicht immer wieder – der Versuchung nachgibt, bewusst etwas Gefährliches zu tun, eben gerade *weil* es gefährlich ist.

Die beste Vorbeugung gegen gefährliche Experimente unserer Kinder ist es, eine Beziehung des gegenseitigen Vertrauens zu pflegen, mit ihnen im Gespräch zu bleiben, sie auch über die alltäglichen Gefahren aufzuklären. Informieren wir sie über die Elemente Feuer, Wasser, Luft und Erde, über den Strom mit seinem Segen und seinen Gefahren, über den Straßenverkehr, die Natur, Tiere, menschliche Beziehungen, einfach über alles, was uns im Alltag begegnet. In Bibliotheken gibt es ausgezeichnete Kindersachbücher, die wir zusammen mit unseren Kindern lesen und besprechen können.

Das Feuer zum Beispiel, das die Kinder zu Recht so ungeheuer anzieht, sollte man zusammen mit ihnen *erleben*, im Wald, im Garten, bei Wanderungen mit der Familie. Wenn Kinder beim Anfachen des Feuers helfen, spüren sie hautnah seine Schönheit und Lebendigkeit, aber auch seine Gefahren. Wir sollten sie nicht um jeden Preis davon abhalten, sich auch einmal ein wenig zu verbrennen. Das gibt ihnen auf natürliche Weise den notwendigen Respekt vor diesem mächtigen und faszinierenden Element.

Zusammen mit den Kindern erleben, erproben und üben ist besser, als sie allzu sehr zu behüten, weil genau die Überbehütung sie davon abhält, Gefahren gewandt zu begegnen.

Wenn das Kind den Ton angibt

Eine Frau erzählt:

»Ich selbst wurde ohne Grenzen erzogen. Meine Mutter war ›die Liebe selbst‹. Sie war so ›lieb‹, dass ich es niemals wagte, ›böse‹ zu sein. Ich war ein ruhiges, folgsames und angepasstes Kind. Und heute bin ich genauso lieb wie meine Mama. Ich wage es nicht, meiner Tochter Grenzen zu setzen. Inzwischen ist Margot dreijährig und tyrannisiert uns ganz entsetzlich. Sie hat uns voll im Griff und gerät in Rage, wenn wir etwas sagen, das ihr nicht in den Kram passt. Es ist bereits so schlimm, dass wir uns vor ihr ducken. Wir haben Angst vor unserem eigenen Kind! Können Sie sich das vorstellen? Wir wissen genau, dass unsere Haltung falsch ist. Aber wenn wir versuchen, uns ihr zu widersetzen, argumentiert sie hin und her und droht uns so massiv, bis wir schachmatt sind und wieder nachgeben.«

Ein Vater:

Es war Sonntag. Wir Eltern blieben noch ein wenig am Frühstückstisch sitzen, und unser Achtjähriger begab sich in sein Zimmer. Aus Langeweile kam er bald in die Küche zurück, setzte sich auf das Spülbecken und stellte seine Füße auf den Küchentisch, wo noch das Geschirr stand.

Ich sagte:

»Jonas, nimm deine Füße weg!«

»Und wenn ich es nicht tue?«

»Dann hau ich dir eine runter!«

»Das hast du schon hundertmal gesagt.«

Meine Frau fürchtete, dass nun gleich der obligatorische Sonntags-Machtkampf zwischen Jonas und mir ausbrechen würde, und verkündete:

»Jonas, wenn du nicht gleich deine Füße wegnimmst, darfst du heute nicht mit mir ins Kino.«

Jonas rührte sich nicht von der Stelle und schaute uns herausfordernd an.

»Ich sage es dir nicht noch einmal!«

Jonas schob seine Füße ein ganz klein wenig nach rechts und grinste frech.

»Nimmst du jetzt deine Füße weg?«

»Ich habe sie ja weggenommen!«

»Hast du nicht!«

»Habe ich doch! Gibst du mir ein Eis, wenn ich jetzt die Füße runternehme?«

»Gut, so hol dir eins!«

Siegesbewusst ging er an den Kühlschrank. Am Nachmittag ging er mit meiner Frau ins Kino.

Margots Eltern, wie auch die von Jonas, gaben zu, dass sie sich anfangs aus Angst, böse Eltern zu sein, und wohl aus einem tiefen Wunsch nach Frieden und Harmonie, vor dem Grenzensetzen regelrecht gedrückt haben. Sie hofften, dass es letztendlich schon gut gehen und ihre Kinder mit zunehmendem Alter bestimmt Vernunft annehmen würden, wenn sie ihnen nur ein Übermaß an Liebe entgegenbrächten. Leider ging die Rechnung nicht auf. Zu spät versuchten Jonas' Eltern, seinen Herausforderungen zu widerstehen, und kapitulierten, weil er ihnen drohte, sonst »alles kurz und klein zu schlagen«.

Die – wohlgemerkt – dreijährige Margot hatte sich zum kleinen Ungeheuer entwickelt und ging siegreich aus jedem familiären Konflikt hervor. Tief unbefriedigt, ein Fass ohne Boden, quälte sie ihre Eltern, um endlich von ihnen gehalten zu werden.

Die Herausforderungen beider Kinder eskalierten so bedrohlich, dass sich die Eltern vor ihnen fürchteten.

Wir kommen nicht umhin, unsere Kinder schon von ganz klein auf an bestimmte Regeln zu gewöhnen und diese Regeln ruhig und konsequent durchzusetzen. So darf zum Beispiel das Einjährige das Zimmer des Bruders nicht betreten, weil es sonst seine mit Sorgfalt aufgebaute Eisenbahnanlage durcheinanderbringen würde: Die Tür bleibt zu, auch wenn es schreit. Das Zweijährige weiß genau, dass es Vaters Regale nicht ausräumen darf. Sonst wird es aus dem Zimmer genommen. Solch kleine Frustrationen können und dürfen wir den Kindern nicht ersparen. Es heißt, ihr Protestgeschrei *auszuhalten*, ihnen und uns selbst zuliebe. Geben wir nach, werden sie sich an unsere Schwäche gewöhnen und sie ausnützen.

Es geht nicht an, dass die Kinder bestimmen, was zu tun und was zu lassen ist. So wie wir uns ihnen, so sollen auch sie sich uns anpassen. Im Kreise seiner Familie übt das Kind sein soziales Verhalten. Sie bietet ihm den besten Nährboden als Training für die Schule und sein späteres Leben.

Sobald die Kinder etwas größer sind, ist es hilfreich, sich zu regelmäßigen Familiengesprächen zusammenzufinden, wo alles eingebracht werden darf und jeder eine Stimme hat. Gemeinsam wird nach Lösungen gesucht, die für alle Beteiligten annehmbar sind und eingehalten werden sollen.

Unerlässlich für ein gesundes Familienleben ist die Achtung voreinander. Achtung vor dem Wesen, den Wünschen und Gefühlen jedes Familienmitgliedes. Doch gerade die Andersartigkeit jedes Einzelnen kann leicht Konflikte auslösen, mit denen man nicht immer so leicht zurechtkommt. Fehlen die gegenseitige Anerkennung, Rücksichtnahme und Toleranz, hört man einander nicht zu oder herrscht untereinander gar ein schnodderiger Umgang, kann ein gesundes Miteinander nicht zustande kommen. Dann ist jeder Erziehungsversuch nutzlos und unfruchtbar, und es drängt sich auf, bei einer Familienberatungsstelle Rat und Hilfe zu suchen.

Wenn das Kind unsere Beachtung erzwingen will

»Unsere Astrid war krank. Sie ließ sich von uns in einem Maße bedienen, das unsere Kräfte überstieg. Sie verlangte Tee, dann doch lieber Sirup, und als ich ihn brachte, wollte sie eine Cola. Wegen jeder Kleinigkeit rief sie uns an ihr Bett, damit wir uns mit ihr beschäftigen. Als das Fieber gesunken war, führte sie den

Terror weiter. Und da wir nicht mehr mitmachen wollten, tyrannisierte sie uns mit einem mitleiderregenden Wimmern, das bald zum ohrenbetäubenden Geschrei anschwoll. Immer wieder fiel sie aus dem Bett, um dann gleich zu brüllen, wir müssten ihr wieder aufhelfen. Sie übergab sich – das tat sie oft vor unseren Augen, um ihren Willen zu bekommen. Es war ganz einfach grauenhaft!«

Es ist ganz natürlich, dass Kinder unsere Beachtung suchen. Wir alle, auch die Erwachsenen, brauchen jeden Tag eine gute Portion davon. Wir sollten sie auch unseren Kindern von Herzen gewähren.

Wenn sie unsere Beachtung entbehren, versuchen sie, sie durch tausenderlei Unarten zu erzwingen, etwa indem sie uns ärgern, nicht essen und nicht spielen mögen, ständig an unserem Rockzipfel hängen, nicht schlafen wollen, trödeln, immer wieder »von Misserfolgen geplagt« werden oder »unschuldig« in Streit geraten: Man könnte diese Liste endlos weiterführen.

Es gibt verschiedenerlei Be-Achtung. Gesunde Beachtung ist es, wenn wir unser Kind wahrnehmen, das heißt sein Wesen anerkennen und achten. Beachtung ist es, wenn wir besorgt sind, dass es ihm für das Wohl seines Körpers, seiner Seele und seines Geistes an nichts fehlt, wenn wir es von Herzen lieben und voller Achtung auf seinen Weg freigeben.

Lassen wir unser Kind fühlen, wie sehr es erwünscht ist. Doch hüten wir uns davor, ihm ungesunde Aufmerksamkeit zu geben, Aufmerksamkeit, die es zu erzwingen sucht, damit wir uns mit ihm beschäftigen. Schenken wir ihm unsere Beachtung dann, wenn sein Verhalten für uns annehmbar ist.

Astrids Eltern durchschauten das Spiel ihrer Tochter und waren entschlossen, es nicht mehr mitzuspielen. Als sie heiße Schokolade forderte, weil sie so schrecklichen Durst habe, sagte ihr Vater:

»Zu trinken gibt es in der Küche.«

Dann entfernte er sich und machte sich im Garten zu schaffen.

Darauf sagte sie zu ihrer Mutter, sie habe Bauchweh und müsse sich gleich übergeben, wenn sie die Schokolade nicht sofort bekomme, worauf ihr die Mutter frische Bettwäsche auf den Tisch legte mit der ruhigen Bemerkung:

»Hier liegt frische Wäsche, womit du dein Bett beziehen kannst.«

Darauf verließ sie den Raum.

Astrid übergab sich nicht und holte sich auch nichts zu trinken. Nach einigen weiteren erfolglosen Versuchen, die Eltern für sich zu missbrauchen, stieg sie aus ihrem Bett und spielte in ihrem Zimmer.

Weil Astrid es sich so sehr zur Gewohnheit gemacht hatte, die Beachtung ihrer Eltern zu erzwingen, unterzogen sie ihr eigenes Verhalten einer Prüfung. Fortan wollten sie ihrer Tochter eine liebevoll-konsequente Haltung entgegenbringen. Sie mussten sich auch eingestehen, dass sie im Stress des Alltags an ihr vorbeigelebt hatten und ihr Unarten durchgehen ließen, wohl auch, um ihren eigenen Schuldgefühlen zu entkommen. Nun wollten sie sich wieder vermehrt ihrer Tochter zuwenden. In der Folge hörte Astrid auf, die Aufmerksamkeit ihrer Eltern zu erzwingen. Das Familienklima entspannte sich.

Wenn Kinder um jeden Preis ihren Willen durchsetzen wollen

Ein Vater berichtet aus seiner eigenen Kindheit:

»Ich erinnere mich noch sehr gut: Als ich ein Junge war, gelang es mir jedes Mal, meinen Willen durchzusetzen. Ich musste nur laut und ausdauernd genug schreien. Ich schrie so lange, bis ich schweißnass war. Wenn das nichts nützte, tat ich so, als bekäme ich keine Luft mehr. Das half immer. Aus reiner Panik versprach mir die Mutter alles, was ich von ihr forderte.«

In jedem meiner Kurse hörte ich ähnliche Schilderungen. In unzähligen Familien terrorisieren Kinder ihre Eltern, um ihren Willen zu erzwingen. Ängstliche Eltern haben damit große Mühe. Nicht wenige Kinder sind ausgezeichnete Schauspieler, wenn sie etwas erreichen wollen. Lernen wir, ihre Tricks zu durchschauen und echte Not von gekonntem Schauspiel zu unterscheiden! Manche Kinder versuchen es auf ganz raffinierte Weise:

»Du lässt mich nur nicht gehen, weil du kein Vertrauen zu mir hast!«
»Du hast mich nicht lieb, sonst würdest du ....!«
»Ich bin so traurig, dass du mich nicht lässt ...!«
»Mami ist lieber als du – bei ihr dürfte ich das machen!«
»Papi gäbe mir nochmals eine Chance!«
»Alle anderen dürfen das, nur ich nicht!«

Wenn Kinder uns zu erpressen versuchen, indem sie Schuldgefühle in uns auslösen, sollten wir ihnen ganz klar zu verstehen geben, dass wir auf ihr Spiel nicht eingehen.

Weshalb eigentlich geben wir so leicht den Forderungen unseres Kindes nach? Weil wir sein Quengeln nicht mehr ertragen, davon müde sind und nur eines ersehnen: Ruhe und Frieden? Könnte es vielleicht auch sein, dass wir fürchten, unser Kind würde uns nicht mehr lieben, wenn wir uns weigern, seinem Willen Folge zu leisten? Ängstigt uns der Gedanke, böse Eltern zu sein, unserem Kind wehzutun und ihm zu schaden, wenn wir nicht jedem seiner Begehren nachgeben?

Damit helfen wir unserem Kind aber nicht. Es braucht gesunde Grenzen, sonst läuft es Gefahr, in seiner Seele krank zu werden – ein Schiff ohne Kapitän, heimatlos!

Vielleicht denken wir auch, unser Kind könne nicht früh genug lernen, sich zu behaupten, und lassen ihm seine Unarten durchgehen.

Natürlich soll das Kind lernen, zu sich zu stehen, seine Wünsche und Bedürfnisse zu äußern, und soll sie auch befriedigt bekommen, dort, wo es möglich und vertretbar ist. Doch es muss auch lernen, zu verzichten! Es könnte sonst zu einem Egoisten mit Ellbogenmentalität heranwachsen. Wie würde es dann aber aussehen mit seinem Vermögen, gesunde Beziehungen zu unterhalten und Freundschaften, die zu geben und zu nehmen bereit sind? Beglückende Beziehungen sind die kostbarsten Gaben, die uns das Leben bereithält, vorausgesetzt, wir haben gelernt, sie zu pflegen und zu nähren. Es sind wohl die besten Geschenke, die aus einem erfüllten Leben nicht wegzudenken sind. Der Boden dazu wird in der Familie gelegt.

Fluchen, Schießen, Naschen

Diese Unarten unserer Kinder möchten wir vielleicht am liebsten gänzlich unterbinden. Doch ihre Reaktion darauf wäre wohl, dass sie ihr unerwünschtes Verhalten aus purer Oppositionslust fortsetzen würden.

Fluchen

Kraftausdrücke wirken als Ventil und sollten schon deshalb nicht ganz verboten werden. Oft hilft es, zusammen mit den Kindern eine Liste all jener Ausdrücke aufzustellen, die man zu Hause nicht hören will, oder der, die erlaubt sind. Kinder erfinden auch gerne eigene Fluchwörter.

Bei uns im Kindergarten kommt es immer wieder vor, dass ein unerwünschter Kraftausdruck die Runde macht. Dann setzen wir uns zusammen, reden miteinander über die Bedeutung des unschönen Wortes und versuchen gemeinsam, Varianten herauszufinden, die wir auf unsere Wandtafel aufschreiben oder auch aufzeichnen. Kinder sind dabei sehr kreativ und beweisen viel Humor. Nach einiger Zeit verschwinden die Fluchwörter ganz von selbst.

Schießen

Mit dem Schießen verhält es sich ähnlich wie mit dem Fluchen. Es ganz zu verbieten bringt meist wenig Erfolg.

Mathias ist heute zum ersten Mal im Kindergarten. Es stört mich, dass er mit Zeige- und Mittelfinger auf die Kinder zielt und ruft: »Peng, peng, du bist tot!« Zwei der Kleinsten weinen. Ich fordere ihn auf, das »Schießen« im Kindergarten zu unterlassen.

Abends ruft mich seine Mutter an. Sie ist spürbar aufgebracht: Beim Abendessen habe Mathias sein Brot in einen Revolver umfunktioniert und damit über den Tisch geballert, sehr zum Befremden ihres Besuches. Das Ballern habe er eindeutig bei uns gelernt. Und sie werde es sich überlegen, ob sie Mathias aus dem Kindergarten nehmen wolle.

Ich musste der Frau schonend beibringen, dass einzig ihr Sohn fast ununterbrochen »ballere«, und riet ihr, ihm das Schießen zu Hause nicht gänzlich zu verbieten. Es war Sommer, und sie ließ ihn dann, zusammen mit einigen Kameraden und nur mit Badehosen bekleidet, im eigenen Garten Räuber spielen und sich gegenseitig nach Herzenslust mit der Wasserpistole bespritzen. Nur eine Regel mussten sie einhalten: Sie hatten im Garten zu bleiben und durften weder auf fremde Kinder noch auf Erwachsene zielen.

Seit Mathias zu Hause in Grenzen »ballern« darf, hat das

Schießen für ihn seinen Reiz weitgehend verloren. Er denkt auch im Kindergarten kaum mehr daran, damit imponieren zu wollen.

Auch ich kann es nicht leiden, wenn Kinder auf andere zielen. Berücksichtigen wir andererseits, dass kleine Kinder zum Tod eine andere Beziehung haben als wir Erwachsenen. Sie können ihn sich schwerlich als endgültig vorstellen. Und so kommt es vor, dass ein Kind zu uns sagt: »Ich wünschte, du wärst tot!« Das ist schmerzlich für uns. Ohne bagatellisieren zu wollen, möchte ich zum Trost doch sagen, dass das kleine Kind damit meist seinen Wunsch äußert, uns für eine Weile »stillzulegen«. Eine Mutter ging nach einer solchen Äußerung ihres Sohnes für eine halbe Stunde in ihr Zimmer. Nach dieser beidseitigen Erholungspause umarmten sie sich herzlich und beteuerten sich, wie lieb sie sich haben. Die Welt war wieder in Ordnung.

Naschen

Manche Kinder könnten nur von Süßigkeiten leben, andere fragen nicht danach.

Statt das Schlecken gänzlich zu unterbinden, ist es vernünftig, dem Kind hin und wieder Süßes zu gewähren. Sorgen wir jedoch dafür, dass es sich nicht selbst davon bedienen kann.

Wenn Kinder besonders intensiv nach Süßigkeiten verlangen, ist es vom Standpunkt der Ernährung aus hilfreich, mit Salz und scharfen Gewürzen sparsam umzugehen, weil ihr Genuss den Wunsch nach Süßem verstärkt.

Sicher: Zucker ist ungesund. Doch ihn vollständig aus dem Haushalt zu verbannen erscheint mir unvernünftig und hart. Erfahrungsgemäß wird das Pendel früher oder später auf die entgegengesetzte Seite schlagen, und das Kind wird Unmengen von Schleckereien vertilgen, sobald sich die Gelegenheit dazu bietet.

Bei Ärger, Enttäuschungen und Stress neigen manche Erwachsenen dazu, sich mit Süßem zu trösten. Dasselbe trifft auch auf das Kind zu. Muss es Liebe, Zuwendung und Geborgenheit entbehren, antwortet es manchmal mit einem unmäßigen Bedürfnis nach Süßigkeiten. Auch hier: Echtes Zuhören und Eingehen bringen ihm die Erfüllung, die es braucht, und es muss sich nicht mehr so sehr an Süßem schadlos halten.

Kinder, die keine Grenzen kennen, kommen leicht in die Versuchung, ihre Langeweile und mangelnde Befriedigung mit einem unmäßigen Konsum an Süßwaren zu kompensieren.

Eifersucht

Hier einige Beispiele, bei denen wir hellhörig werden sollten:

»Mami, nicht wahr, du gehörst nur mir?«

»Mama, das ist **mein** Tragtuch«, sagt Fiona ärgerlich. »Da war **ich** drin. Wirf es in den Mülleimer!«

Auf dem Wickeltisch macht der zweijährige Arno Pipi über Mutters Hände. Als sie ärgerlich wird, wendet er sich ab:
»Das Baby darf das!«, sagt er.
»Die Mami hat das Baby lieber als mich«, denkt er und zieht sich in seinen Schmollwinkel zurück.

Eifersucht an und für sich ist nichts Böses. Wer von uns hat sie nicht schon selbst als tiefen, bohrenden Schmerz erfahren! Sie kann unendlich wehtun, auch unseren Kindern. Niemals dürfen wir sie ihrer Eifersucht wegen tadeln oder gar bestrafen! Denn sie ist ein Gefühl, das ungerufen kommt, und das Kind kann seine Eifersucht ohne unsere Hilfe und unser Verständnis nur schwer bewältigen.

Luigi, ein quicklebendiger, bisher fröhlicher und aktiver Sechsjähriger, kann sich seit einiger Zeit nicht mehr konzentrieren. Sein Spiel ist lustlos, und er unterfordert sich eindeutig. Unsere Bestrebungen, ihn zu spannenderen Beschäftigungen zu motivieren, bringen nichts. Er ist unruhig, stört die anderen Kinder, macht viel Unsinn, langweilt sich und mag nicht mehr in den Kindergarten kommen.

Bei einer Besprechung berichtet seine Mutter: »Mein Mann ist in letzter Zeit gestresst und tadelt unseren Jungen meines Erachtens zu oft. Luigi ist kaum mehr zu ertragen und stellt unsere Geduld auf eine Zerreißprobe. Das Problem ist, dass mein Mann unsere süße, blondlockige Manela anbetet und sich viel mit ihr beschäftigt.«

Weil Luigi Manela zärtlich liebt und beschützt, kommen die Eltern nicht auf die Idee, er könnte auf seine Schwester eifersüchtig sein. Sie sind hilflos, ratlos.

Doch Luigi *ist* eifersüchtig!

Die Eifersucht auf seine kleine »Nebenbuhlerin« verfolgt ihn rund um die Uhr. Sie ist heiß und schmerzlich und lässt ihm keine Ruhe. Am liebsten möchte er immer zu Hause bleiben, um die Mutter und das Baby unter Kontrolle zu halten. Wer weiß, wie sehr sie es herzt, wenn er im Kindergarten ist.

Für Eltern ist es nicht immer einfach, die Eifersucht ihrer Kinder zu erkennen. Es kann durchaus vorkommen, dass sich ein Kind liebevoll mit dem Gegenstand seiner Eifersucht befasst, ihn behütet und bewacht. Oft auch versteckt sich Eifersucht hinter unausstehlichem Benehmen: »Wenn meine Eltern mein Geschwister lieber haben als mich, muss ich ihre

Aufmerksamkeit auf diese Weise erzwingen!« Ein eifersüchtiges Kind kann sich auch zurückziehen: »Ich distanziere mich. Dann werden die Eltern aufmerksam und wenden sich mir zu.« Oder es macht sich durch stete Misserfolge bemerkbar. Ein anderes stellt seinem Geschwister nach und schikaniert es unaufhörlich, ist missgünstig und wetteifert mit ihm.

Eifersucht richtet sich nicht immer nur auf kleinere Geschwister. Es kommt vor, dass ein größeres Geschwister Gegenstand heftiger Eifersucht ist. Vielleicht finden die Leute es hübscher, liebenswürdiger, spritziger, intelligenter.

Was tun? Mit Schelten oder gar Strafen erreichen wir, dass sich die Not des Kindes noch verstärkt. Es wird sich immer häufiger »daneben« benehmen und uns so sehr nerven, dass es uns schwerfällt, seine Hilferufe wahrzunehmen und zu verstehen. Und dabei sehnt es sich so sehr nach unserer Liebe und Beachtung.

Versuchen wir, nachzuempfinden, wie sich die kleine Fiona bei der nachstehenden kurzen Unterhaltung fühlen wird:

»Mama, das ist **mein** Tragtuch! Da war **ich** drin! Wirf es in den Mülleimer!«

»Wie kommst du denn darauf, Fiona! Weshalb soll ich denn das Tuch wegwerfen?«

»Da war **ich** drin! Das gehört **mir** und nicht dem neuen Baby!«

»Du willst mir doch nicht etwa sagen, dass du eifersüchtig bist, noch bevor das Baby da ist! Das glaub' ich nicht! Fiona, das war dein Tuch, als du ein Baby warst, und jetzt wird es eben das neue Baby bekommen. Das ist im Leben so! Benimm dich doch bitte nicht so!«

Fiona zieht sich in ihr Zimmer zurück. Sie hasst ihre Mutter. Und noch mehr hasst sie das neue Baby. Sie fühlt sich von ihm bedroht, ist zutiefst verunsichert und unglücklich.

Versuchen wir, nachzuempfinden, wie sich Fiona beim nachfolgenden Gespräch fühlen wird:

»Mama, das ist **mein** Tragtuch. Da war **ich** drin. Wirf es in den Mülleimer!«
»Das hört sich an, als wolltest du nicht, dass ich das neue Baby damit herumtragen werde?«
»Nein, das will ich nicht!«
»Ich denke, dass du am liebsten selbst manchmal wieder ein kleines Baby sein und darin herumgetragen werden möchtest, Fiona?«
»Ja, schon.« – Pause – »Du sprichst immer nur vom Baby!«
»Könnte es sein, dass du dich manchmal gar nicht auf das Baby freust und dass du vielleicht sogar denkst, Mama und Papa würden dich nicht mehr so sehr lieb haben, wenn es dann da ist?«
Pause.
»Mama, hast du mich dann immer noch fest, fest lieb, wenn das Baby da ist?«
»Aber sicher doch, mein Schatz! Soooo fest!« Sie drückt Fiona an sich.
»Und du wirst mich auch genauso lieb haben wie das Baby?«
»Weißt du, Fiona, wenn man ein Kindchen bekommt, dann bekommt man ganz, ganz viel Liebe mitgeschenkt. So habe ich ganz, ganz viel Liebe zu dir geschenkt bekommen, als du ein kleines Baby warst. Und diese Liebe ist in mein Herz eingewachsen und kann nie verloren gehen. Auch nicht, wenn das neue Baby da ist.«
Fiona kuschelt sich an ihre Mutter.
Nach einer Weile geht sie spielen. Ihr Gesichtsausdruck ist glücklich und gelöst.

Manche Eltern befürchten, mit dieser einfühlsamen Zuwendung ihr Kind in seiner Eifersucht noch zu bestärken. Das Gegenteil ist der Fall. Wenn wir seine Gefühle ernst nehmen, sie ruhig und verständnisvoll und, ohne zu dramatisieren, zurückmelden – hier Fionas Angst, nicht mehr geliebt zu werden, wenn das Baby da ist –, fühlt sich das Kind verstanden. Es geht ihm gleich besser, und es kann seine Sorge viel eher loslassen als das Kind, das wegen seiner Eifersucht gerügt wird.

Vergessen wir nicht, dass das Kind, und noch mehr das eifersüchtige, unserer Anerkennung und Ermutigung, unserer bejahenden Zuwendung bedarf. Es braucht seinen Platz in der Familie und die Sicherheit, unersetzlich zu sein. Lassen wir es erfahren, wie sehr wir es lieben!

Es hilft, Fiona in die Vorbereitungen für das neue Baby einzubeziehen, und wenn es da ist, auch in dessen Pflege.

Lassen wir nicht zu, dass Nachbarn, Großeltern oder Besucher aus Gedankenlosigkeit das scheinbar liebenswürdigere Geschwister über die Maße hinaus loben und hätscheln. Leicht lösen sie damit tiefe Eifersucht aus. Bedeuten wir ihnen Einhalt mit einem Blick, einer Geste oder einem klugen Wort, oder unterbreiten wir ihnen in einem freundschaftlichen Gespräch unseren Wunsch, dem übersehenen Kind vermehrt Zuwendung zu schenken.

Selbstverständlich sollen dort Grenzen gesetzt werden, wo das eifersüchtige Kind sein Geschwister plagt.

Wenn unser Kind lügt

Fantasie ist eine wunderbare Gabe, ein Geschenk, das man nähren und pflegen soll. Der Übergang vom Fantasieren zum Schwindeln und dann zum Lügen ist meist fließend. Wohl für jedes Kind kommt der Tag, an dem es das Lügen entdeckt, sich damit auseinandersetzt und es ausprobiert. Wir merken es sehr wohl, wenn unser Kind beginnt, Unwahrheiten bewusst zu äußern. Meist hilft es, seine Aussage ruhig, kurz und sachlich richtigzustellen.

Wenn kindliches Lügen zur Gewohnheit wird, sollten wir versuchen, herauszufinden, was dahintersteckt. Überlegen wir auch, ob unsere Beziehung zum Kind von Vertrauen und Verständnis getragen ist, damit es sich nicht davor fürchten muss, uns die Wahrheit zu sagen.

Strafen können das Kind zum Lügen verführen. Ich komme unter dem Kapitel »Strafen« nochmals darauf zu sprechen.

Seien wir achtsam, wenn das Kind andere austrickst oder durch Unwahrheiten eigene Vorteile zu gewinnen versucht. Dann sollen wir mit ihm darüber sprechen und es anhalten, den Schaden wiedergutzumachen.

Ringen wir dem Kind keine Versprechungen ab. Es wird unserem Drängen nachgeben und uns die erwünschte Zusicherung geben, um seine Ruhe zu haben. Doch wird es ihm kaum gelingen, sein Versprechen einzuhalten. Schuldgefühle, die wiederum zum Lügen verleiten, bahnen sich an, und es entsteht ein nur noch schwer zu durchbrechender Teufelskreis.

Folgenschwer ist es, wenn wir Kinder zum Lügen anhalten:

Da das stete Klingeln an der Kindergartentür unseren Morgenkreis ganz empfindlich störte, baten wir die Eltern, ihre Kinder nicht während dieser halben Stunde im Kindergarten abzugeben. Trotzdem schiebt eine Mutter ihren Vierjährigen herein, als wir gerade dabei sind, bei Kerzenlicht einem Ausschnitt aus den Vier Jahreszeiten von Vivaldi zu lauschen.

»Sag ihr einfach, du müssest ganz dringend auf die Toilette«, höre ich sie ihm noch zuraunen.

Wir wundern uns denn auch nicht, dass der sonst unkomplizierte, fröhliche und offene Junge lügt, was das Zeug hält, dies mit einer

Virtuosität, die ihresgleichen sucht, ganz einfach, weil es ihm so vorgelebt wird.

Um unsere Kinder zur Wahrhaftigkeit zu ermutigen, sollen vor allem wir selbst um Ehrlichkeit bemüht sein. Ehrlichkeit erfordert Mut und ist nicht immer bequem. Achten wir einen einzigen Tag lang darauf, wie viele kleine und größere Schwindeleien uns herausrutschen. Und dann beginnen wir am besten bei uns selbst! Denn unsere Kinder beobachten gut. Sie merken sich unsere Flunkereien sehr wohl und machen es uns nach, begreiflicherweise.

05 Die Strafe

»Muss Strafe denn wirklich sein? Gibt es keine Alternative? Wir möchten unser Kind doch so froh und frei und glücklich wie nur möglich sehen!«

Vom autoritären Erziehungsstil ist das Pendel zum sogenannten antiautoritären geschwungen. Doch beide Erziehungsstile hielten nicht, was sie versprachen, und lassen die Eltern tief verunsichert zurück. Ganz dringend muss das Pendel in einer gesunden Mitte zur Ruhe finden!

In meinen Seminaren sind Grenzen das Thema Nummer eins. Ich lasse die Eltern in kleinen Gruppen darüber reflektieren. Meist kommen sie mit erhitzten Gemütern und eifrig diskutierend in den Kreis zurück. Darf man strafen? Sind Strafen notwendig? Tut man den Kindern damit nicht Gewalt an? Erzieht man sie damit womöglich zu kleinen Befehlsempfängern, zu Kriechern, Duckmäusern und Speichelleckern? Anderseits: Man will sie doch auch nicht zu Egoisten heranziehen und auch nicht zu haltlosen Menschen, die mit den Härten des Lebens nicht zurechtkommen.

Wenn man bedenkt, wie schnell Kinder groß werden! Sucht und Jugendkriminalität nehmen zu. Die Welt verändert sich in rasantem Tempo. Wie können wir unsere Kinder auf ihre ungewisse Zukunft vorbereiten?

Ich sehe sie in den Blicken der Eltern, diese brennende, oft auch verzweifelte Frage und auch die Angst.

Es sind oft Mütter und Väter, die in ihrer eigenen Kindheit Härte und Unnachgiebigkeit, auch Einsamkeit, schmerzlich erfahren mussten und die sich nur eines wünschen, nämlich, dass es ihre Kinder besser haben. Es sind auch Eltern, die selbst den Halt und die Sicherheit gesunder Grenzen entbehren mussten. Manche Eltern sind verwirrt und verunsichert über die Flut verschiedenster Informationen und Erziehungsrichtungen.

Ja, unsere Welt verändert sich in rasantem Tempo. So schnell, dass es uns manchmal schon bange werden kann. Diese Entwicklung können wir nicht aufhalten. Unseren Kindern können wir nichts Besseres wünschen, als dass sie ihrem Leben stark, selbstbewusst, froh und mutig begegnen, nicht erst mit ihrer Volljährigkeit, sondern bereits im Hier und Jetzt.

»Alles ist lernbar. Für jede Kleinigkeit muss man ein Diplom vorweisen. Nur für die Erziehung nicht!«, schimpft ein aufgebrachter Vater.

»Was soll ich tun, wenn ich mein Kind auf sein Zimmer schicke und es gehorcht mir einfach nicht? Was, wenn es seinen Teller voll Risotto auf den Boden knallt?«, fragt eine Mutter.

»Was mache ich, wenn mein Sohn nicht nach Hause kommt und sein Essen kalt wird? Oder wenn er trödelt, wenn wir am Aufbrechen sind?«

»Was soll ich tun, wenn meine zweieinhalbjährige Tochter den ganzen Tag in der Wohnung ›herumflattert‹ und sich weigert, zu spielen? Sie will immer nur fernsehen, bis zu zwei Stunden am Stück!«

Ich frage die Mutter, ob sie das denn zulasse.

»Wenn sie es doch will«, lautet die ungeduldige Antwort.

»Vielleicht ist der Schaden doch nicht so groß, wenn mein Mädchen wahllos fernsieht. Sie ist ja noch so klein!«

»Unsere zweieinhalbjährige Karen reißt sich immer wieder von meiner Hand los und springt auf die Straße. Was soll ich bloß tun?«, fragt eine Mutter in die Runde. Die Reaktionen der Eltern sind zwiespältig:

»Der würde ich zuerst mal eines hinter die Ohren geben!«

»Aber damit würden Sie doch ihren Willen brechen!«

»Ich würde sie bei der Hand nehmen und nicht mehr loslassen, bis wir zu Hause sind.«

»Mit meiner Tochter ginge das nicht, denn sie würde sich auf den Boden werfen und die Leute zusammenbrüllen!«

»Kinder haben einen guten Schutzengel. Ich bete zu Gott, dass nicht ausgerechnet mein Mädchen von einem Auto angefahren wird!«

Eine große Hilflosigkeit macht sich breit.

»Oder müssen wir unser Kind doch strafen?«

Strafen sind in den seltensten Fällen notwendig. Aber es genügt nicht, zu Gott zu beten, dass unser Kind nicht von einem Auto angefahren wird oder dass es keinen Schaden nimmt, wenn wir es nicht davon abzuhalten vermögen, wahllos fernzusehen! Wir strafen unsere Kinder, um sie zu einem besseren Verhalten zu bewegen. Doch genau dann und oft auch genau darum machen sie weiter. Es entstehen zwei Parteien, und der Kampf beginnt.

Lassen Sie mich zwei Beispiele aus dem Alltag schildern:

Eine Mutter will mit ihrem fünfjährigen Leon in den Zoo, doch er trödelt. Nach einer Dreiviertelstunde des Bittens, Ermahnens, Schimpfens und Drohens holt sie seine Kleider und zieht ihn an, ärgerlich und zu seinem Besten, wie sie ihm erklärt. Leon sperrt sich und schreit. Auf dem Weg und auch im Zoo ist er frech und ungebärdig. Ein nächstes Mal wird sich mit Bestimmtheit dasselbe Drama abspielen.

Das Beispiel nochmals:

Nach einer Dreiviertelstunde des Bittens, Ermahnens und Drohens schimpft die Mutter:

»Leon, jetzt habe ich genug! Hundertmal habe ich dir gesagt, du sollst dich nun endlich fertigmachen! Aber du gehorchst ja nicht! Jetzt bleiben wir eben zu Hause, und du gehst in dein Zimmer!« Ärgerlich knallt sie die Tür zu und macht sich an die Hausarbeit. Für den Rest des Tages ist Feuer unterm Dach.

Das Beispiel ein drittes Mal:

Die Mutter stellt eine Eieruhr auf den Schrank und sagt: »Leon, um 9 Uhr fährt unser Zug. Wenn der Zeiger oben ist, geht der Wecker los, und wir müssen das Haus verlassen.«

Als die Uhr rasselt, ist Leon noch nicht bereit. Zwanzig Minuten später kommt er fertig angezogen in die Küche.

»Schade, Leon«, sagt die Mutter. »Der Zug ist bereits abgefahren.« Dann macht sie sich ruhig an die Hausarbeit, ohne mit Leon zu argumentieren und ohne zu tadeln.

In dem ersten Beispiel hat Leon nichts gelernt. Er wird sich auch in Zukunft nicht um die Ermahnungen seiner Mutter kümmern, weil sie ihm ohnehin die Folgen seines Verhaltens abnehmen wird.

Im zweiten Beispiel geht es um eine Strafe, die dem gegenseitigen Einvernehmen abträglich ist. Wir können uns vorstellen, wie die Geschichte weitergeht: Trotzig verschanzt sich Leon in seinem Zimmer, auf Rache sinnend. Bei nächster Gelegenheit wird er es seiner Mutter heimzahlen, und ein neuer Konflikt wird sich anbahnen. Der Tag ist verdorben.

Das dritte Beispiel zeigt die Folge von Leons Verhalten. Die Mutter muss sie nur eintreten lassen. Leon ist sich im Klaren, dass der Zug abgefahren ist, weil er getrödelt hat. Er allein ist dafür verantwortlich, dass sie sich heute keinen schönen Tag im Zoo machen können. Es gibt weder Schelte noch Vorwürfe. Für die Mutter ist es allerdings nicht einfach, Ruhe zu bewahren, denn auch sie hat sich auf den Tag zusammen mit Leon gefreut. Doch sie vertraut darauf, dass Leon aus der Situation lernen wird. Er zieht sich für eine Weile enttäuscht in sein Zimmer zurück, macht dann aus der Situation das Beste und holt seinen Freund in den Garten.

Eine Woche später versuchen sie es erneut: Ohne auf den Vorfall der vorhergehenden Woche hinzuweisen, stellt die Mutter wiederum die Uhr auf den Schrank. Leon hat dazugelernt. Bald ist er fix und fertig angezogen. Sie erreichen den Bahnhof vor neun und verbringen einen vergnügten Tag im Zoo.

Koni bastelt für seinen Vater ein Geburtstagsgeschenk. Nach einer Weile nimmt er aus Langeweile den Klebestift und beschmiert damit die Küchenwand. Schimpfend putzt die Mutter eine halbe Stunde lang. Koni schaut zu. Während sie nach getaner Arbeit den Lappen aufhängt, nimmt Koni den Stift und schmiert den Herd voll. Da reißt ihr der Geduldsfaden. Sie gibt ihm eine Ohrfeige.

Das gleiche Beispiel noch einmal:

Als die Mutter die Bescherung an der Wand sieht, nimmt sie den Stift an sich und sagt wütend:

»Was fällt dir ein, du Frechdachs! Ich schließe den Klebestift jetzt ein, und bevor du nicht den ganzen Klebstoff weggewischt hast, gebe ich ihn dir nicht wieder heraus. Dann kannst du sehen, wie du das Geschenk für deinen Vater fertig bringst!« Koni sinnt auf Rache.

Und ein drittes Mal:

Als die Mutter die Schmiererei an der Wand entdeckt, nimmt sie den Stift an sich. Eine Stunde später will Koni mit der Bastelarbeit für Vaters Geburtstag weitermachen und verlangt ihn zurück.

Mutter (ruhig und bestimmt): »Da sind noch die Leimspuren an der Küchenwand.«

Koni versteht sehr wohl, hat aber keine Lust, sie zu entfernen, und trollt sich in sein Zimmer. Eine Stunde später holt er einen Lappen und ein Becken, entfernt die Spuren und bittet dann die Mutter um den Klebestift. Sie verzichtet auf eine Moralpredigt und händigt ihn aus. Die Sache ist erledigt. Vaters Geburtstagsgeschenk wird noch rechtzeitig fertig.

Beim ersten Beispiel hat Koni nichts dazugelernt. Er wird sich auch in Zukunft nicht um die Wünsche seiner Mutter scheren, weil sie ihm ohnehin die Folgen seines schlechten Benehmens abnimmt.

Das zweite Beispiel ist eine Strafe. Koni wird es seine Mutter bei nächster Gelegenheit spüren lassen.

Beim dritten Beispiel hat die Mutter die sich aus Konis Ungezogenheit ergebende Folge wirksam werden lassen, nämlich dass sie keine Lust hat, seine Schmiererei zu entfernen. Sie ist entschlossen, den Stift erst wieder herauszugeben, wenn die Spuren beseitigt sind: Das ist Konis Angelegenheit. Auch ob das Geschenk bis zu Vaters Geburtstag fertig sein wird, ist Konis Problem und nicht das ihre. Auf unnütze Worte zu verzichten verlangt der Mutter ein gehöriges Maß an Selbstdisziplin ab. Weil sie aus Erfahrung weiß, dass es sinnlos wäre, ihm eine »Standpauke« zu halten, unterlässt sie es – trotz ihres Unmuts. Nachdem Koni die Spuren an der Wand weggewischt hat, ist die Sache erledigt, und man spricht nicht mehr darüber. Die Mutter trägt ihm auch nichts nach, macht kein vorwurfsvolles Gesicht, wie sie es früher manchmal getan hat. So hat er kein Interesse mehr, sie mit weiteren Schmierereien herauszufordern.

Wie wirksam sind Strafen?

Mit Strafen versuchen wir, unser Kind dazu zu bringen, sich zu ändern. Wir wollen unsere Gesetze und Regeln mit Zwang durchsetzen. Die Strafe soll das Kind abschrecken, soll es davon abhalten, sein unerwünschtes Verhalten zu wiederholen. Strafe ist Buße. Sie lässt das Kind sein »Vergehen« sühnen.

Seien wir ehrlich: Ertappen wir uns nicht manchmal dabei, dass mit der Strafe, die wir über unser Kind verhängen, ein Stück Rachegefühl, ein Bedürfnis nach Vergeltung verbunden ist, weil es uns mit seinem Benehmen verärgert, verunsichert, geängstigt, blamiert, gestört hat oder weil es unsere elterliche Autorität infrage stellt?

Wir strafen, damit unser Kind sein unerwünschtes Verhalten aufgibt. Und stattdessen wird es häufig aus Trotz weitermachen. Es bilden sich zwei Parteien, und der Kampf beginnt.

Oft hat die Strafe keinen direkten Zusammenhang mit dem Fehlverhalten des Kindes. So kann es vorkommen, dass Nadir morgen nicht zum heißgeliebten Schwimmen gehen darf, weil er zu spät nach Hause gekommen ist, dass Benjamin am Sonntag nicht mit uns ins Verkehrsmuseum fahren darf, weil er die kleine Schwester getreten hat, dass Esther im Garten helfen muss, weil sie sich bei der Tante nicht bedankt hat, oder dass Vera die ihr versprochenen Turnschuhe nun doch nicht bekommt, weil sie sich bei Müllers wieder danebenbenommen hat.

Eine derartige Strafe ist meist unsere – vielleicht unbewusste – Vergeltung am Kind. Es merkt das sehr wohl und rebelliert. Und es kommt häufiger vor, als wir vermuten, dass es sich dann voller Rachegedanken in seinen Schmollwinkel zurückzieht und uns mit einer Retourkutsche dort treffen wird, wo wir besonders verletzlich sind – und ein neuer Konflikt bahnt sich an.

Weil die Strafe oftmals den Charakter einer Revanche trägt und das Kind schmerzen oder gar demütigen soll, wird es sehr schnell lernen, auszuweichen und Rachepläne zu schmieden. Allzu harte oder gar demütigende Strafen erzeugen Angst, Schuldgefühle, Scham, Aggression und Hass und verleiten das Kind zum Lügen.

Der Liebesentzug

Eine der härtesten und grausamsten Strafen ist der Liebesentzug. Er lässt das Kind bodenlos einsam und verlassen zurück. Es bekommt Schuldgefühle und die Überzeugung, nicht liebenswert zu sein.

Dann hegt es schwere, oft heimliche Aggressionen gegen seine Eltern und die Welt und wird sich früher oder später rächen.

Sagen wir unserem Kind nicht, wir hätten es nicht mehr gerne, weil es unsere Anordnungen nicht befolgt hat. Lassen wir es nicht über Stunden oder gar Tage links liegen, und verweigern wir ihm nicht über längere Zeit das Wort, weil es uns verärgert und enttäuscht hat.

»Handelt es sich um Liebesentzug, wenn wir auf unser Kind einmal so richtig wütend sind? Wenn wir sein Verhalten heute einfach nicht mehr ertragen und es für eine Stunde auf sein Zimmer schicken? Wenn wir es anbrüllen, weil auch uns mal die Sicherung durchbrennt? Wenn wir für eine Weile nicht mit unserem Kind sprechen mögen, weil wir so sehr enttäuscht sind und etwas Distanz, eine Stunde der Ruhe und Zurückgezogenheit ganz dringend benötigen? Wenn wir einfach genug haben? Wir sind doch auch nur Menschen!«

Eine Freundin erzählt mir:

Als ihr Sohn Bernie noch klein war, nahm er unerlaubterweise zwei seiner Spielkameraden mit in die Werkstatt seines Vaters, der kurz in den Hof gegangen war, um einen Apparateteil ins Auto zu laden. Stolz zeigte er seinen Freunden Papas Maschinen.

In dem Augenblick, als Bernie das Gegengewicht der großen Blechschneidemaschine nach oben schieben wollte, um den Jungen zu demonstrieren, wie sie funktioniert, legte der Kleinste sein winziges Händchen ahnungslos in die Schneide. Und wäre meine Freundin nicht genau in diesem Augenblick in die Werkstatt getreten und hätte sie die drei »Sünder« nicht gleich lauthals angeschrien, hätte die scharfe Klinge in Sekundenschnelle die kleinen Finger abgetrennt. Sie erzählte mir, noch immer erschauernd, wie sehr sie die Kinder angebrüllt und in der auf den Schrecken folgenden Wut ausgeschimpft hatte.

Haben wir Eltern denn kein Recht auf unsere Gefühle? Doch, haben wir! Es kommt immer wieder vor, dass wir wütend, ratlos, verängstigt und verzweifelt sind. Es gibt kaum Eltern, die solche Gefühle noch nie bis tief in die Knochen hinein erfahren haben. Diese Regungen gehören zu unserem Menschsein wie Essen, Trinken und Schlafen.

Gefühle, angenehme wie auch unangenehme, kommen ungefragt und halten unsere Seele wach und lebendig. Wir brauchen uns ihrer nicht zu schämen. Es geht darum, dass wir sie wahr- und ernst nehmen. Unser Kind nimmt keinen Schaden, wenn wir es einmal anschreien. Eine Stunde später sieht alles wieder besser aus, und man kann das Geschehene in Ruhe miteinander besprechen und sich auch entschuldigen, wo man ihm Unrecht getan hat. Trotzdem: Wutausbrüche sollten nicht zur Regel werden, sonst müssen wir nach ihrer Ursache suchen und sehen, ob es eine Möglichkeit gibt, Stress und Belastung, aus denen sie vermutlich entstehen, abzubauen.

> Als ich noch ein Kind war, hatte ich einen cholerischen Lehrer. Er kannte sehr wohl sein aufbrausendes Temperament und hatte gelernt, damit umzugehen. Wenn er sich über uns ärgerte – wir waren immerhin etwa vierzig Schüler –, stellte er sich für eine Minute ans Fenster, blickte zu den alten Bäumen im Schulhof hinüber und wandte sich uns dann wieder zu, ruhig, freundlich und beherrscht. Ich fühlte sehr wohl, was sich in ihm abspielte, und liebte ihn heiß um seiner Selbstdisziplin willen, die er sich aus Liebe zu seiner ungestümen Kinderschar mit den Jahren erarbeitet hatte.

Ein Vater sagt, er gehe für eine halbe Stunde joggen, wenn er sich ärgert. Das Rezept einer Mutter, ihren gelegentlichen Unmut zu überwinden, ist, mit ihrer Freundin zu telefonieren. Ein Lehrer in unserem Bekanntenkreis geht nach Schulschluss gleich für eine Stunde in seine Hobbywerkstatt, die er sich im Keller eingerichtet hat. Andere schwimmen, stricken, lesen, malen, musizieren, tanzen, singen, treiben Sport usw.

Sicher ist: Wir sollen unseren Sohn nicht in den Keller sperren, weil wir eine Riesenwut auf ihn haben, unsere Tochter nicht wie Luft behandeln, weil wir von ihr enttäuscht sind, und der zweieinhalbjährigen Karen (Seite 99 f.) keine »schmieren«, weil sie sich auf dem Nachhauseweg von uns losreißt. Wenn wir so richtig enttäuscht und vielleicht wütend sind, ist es oft hilfreich, für eine geraume Zeit Distanz zu schaffen, damit wir und auch das Kind durchatmen und wieder zur Ruhe finden können.

Wir dürfen und sollen ihm auch sagen, dass wir jetzt ärgerlich sind und Abstand brauchen. Es geht auch hier darum, dass wir es nicht in seinem Selbstwertgefühl verletzen.

Wenn wir uns angewöhnen, in entschärfenden Ich-Botschaften statt in Du-Botschaften zu unseren Kindern zu sprechen, haben wir die Chance, dass der Konflikt sich entspannt, statt zu eskalieren.

Du-Botschaft: »Jetzt lass mich doch endlich in Ruhe, du Nervensäge!«
Ich-Botschaft: »Monique, es nervt mich echt, wenn du mich dauernd fragst, was du spielen sollst.«

Du-Botschaft: »Du lügst mich schon wieder an! Du selbst hast den Hammer hervorgeholt!«
Ich-Botschaft: »Da kann etwas nicht stimmen, denn vorher war der Hammer noch da.«

Du-Botschaft: »Wenn du nicht pünktlich nach Hause kommst, brauchst du auch nichts essen.«
Ich-Botschaft: »Schade, jetzt haben wir schon abgeräumt.«

Ein anschließendes Gespräch kann Wunder wirken, heilen und befreien.

Ganz üble Formen von Liebesentzug sind Zynismus, Beschämen und Lächerlichmachen, Demütigungen, die wir unserem Kind oft in unserer eigenen Hilflosigkeit zufügen. Da müssen wir uns nicht wundern, wenn es gegen uns einen tiefen Groll in seinem Herzen trägt und es uns und der Welt bei nächster Gelegenheit heimzahlen wird.

Ist Strafe manchmal doch notwendig?

Selbstverständlich gibt es Fälle, wo eine Strafe angezeigt, ja notwendig ist. Sie muss sinnvoll sein und fair und getragen von Achtung vor dem Kind und soll sein Selbstwertgefühl nicht verletzen.

Hierzu ein Beispiel:

Klaus, acht Jahre, wird von seinem Vater erwischt, als er in der Küche mit Streichhölzern spielt. Daraufhin klären ihn die Eltern über den Segen und die Gefahren des Feuers auf. Sie besuchen mit ihm das Feuerwehrdepot, besorgen ihm Sachbücher, gehen mit ihm in den Wald, braten Marshmallows und Würstchen über dem Feuer, das er selbst aufbauen, anfachen und unterhalten darf. Sie verschonen ihn auch nicht vor der Erfahrung, sich aus Unachtsamkeit einmal die Finger zu verbrennen.

Zwei Wochen später gelingt es Klaus, einen Stuhl auf den Tisch zu stellen. Er erreicht die Streichhölzer im obersten Küchenschrank. Damit spielt er in der Stube. Als die Mutter hinzukommt, ist bereits ein Loch in den Wohnzimmerteppich gebrannt.

Da die Eltern ihren Sohn mit Sorgfalt über das Thema Feuer aufgeklärt hatten, weiß er genau, was es bedeutet, damit zu spielen. Sie beschließen, ihn zu strafen, und setzen sich mit ihm zusammen. Er bekommt drei Tage Hausarrest. In dieser Zeit soll er sich überlegen, wie er mithelfen kann, den Schaden am Teppich wiedergutzumachen. Dass die Strafe mit Vergeltung nichts zu tun hat, spürt Klaus genau und er akzeptiert sie, wenn auch ungern. Am Ende des dritten Tages teilt er den Eltern mit, er habe nachgedacht. Ob er gegen einen angemessenen Lohn in Haus und Garten arbeiten dürfe. Vielleicht lasse ihn Omi auch Botengänge machen. Das Geld würde er für einen neuen Teppich spenden.

Die Eltern sind grundsätzlich dagegen, ihre Kinder für die Mithilfe in Haus und Garten zu entlohnen. In diesem Falle aber finden sie den Vorschlag ihres Sohnes vernünftig und gehen darauf ein. Er hält recht gut durch und übergibt den Eltern dann seinen Beitrag zum neuen Teppich. Gemeinsam suchen sie ihn in der Stadt aus. In der Folge wird nicht mehr über den Zwischenfall gesprochen, er ist verziehen und vergessen und die Sache abgeschlossen. Mit seinem Vater geht Klaus weiterhin regelmäßig in den Wald und ist stolz, dass er das Feuer ohne seine Hilfe anfachen kann. Im Garten bekommt er eine kleine Feuerstelle, die er benutzen darf, ohne vorher um Erlaubnis fragen zu müssen.

Ich denke, Klaus' Eltern haben klug gehandelt. Wir sollten unseren Kindern ihre Fehltritte nicht nachtragen. Ist die Sache einmal besprochen und in Ordnung gebracht, sollten wir verzeihen und vergessen und den unliebsamen Vorfall nicht mehr erwähnen!

06 Die sich von selbst ergebende Folge kindlichen Verhaltens

Auf dem Spielplatz stößt Michèle die etwas jüngere Flurina vom Kletterturm. Michèles Mutter ist nicht ganz sicher, ob ihre Tochter es absichtlich getan hat oder ob es sich um ein Missgeschick handelt. Sie ermahnt Michèle, aufzupassen, setzt sich dann wieder zu ihrer Nachbarin auf die Bank und beobachtet, wie Michèle ihre Spielgefährtin erneut stößt. Ruhig und bestimmt nimmt sie ihre Tochter bei der Hand:

»So macht es mir keinen Spaß, mit dir auf dem Spielplatz zu sein« (Ich-Botschaft). Sie geht mit Michèle nach Hause, ohne auf ihren Protest zu achten.

Im Wohnraum klaubt die einjährige Christa den Blähton aus dem Topf der Wasserkulturpflanze. Mutter setzt Christa weg, bedeutet ihr, die Kügelchen in Ruhe zu lassen, und holt ihr ein neues Spielzeug. Eine Minute später sitzt Christa wieder vor dem Topf, und ein kleiner Berg von Kügelchen häuft sich auf dem Teppich. Mit einem unmissverständlichen »Nein, Christa!« hebt Mutter die Kleine hoch und stellt sie für kurze Zeit in den Gang, der durch eine Kinderschranke vom Wohnraum getrennt ist. Dieser Vorgang wiederholt sich dreimal. Dann lässt Christa den Topf in Ruhe.

Beide Mütter reagieren ganz selbstverständlich, bestimmt und klar auf das unerwünschte Verhalten ihrer Kinder: Michèles Mutter, indem sie mit ihrer Tochter nach Hause geht, statt erfolglos auf sie einzureden, zu drohen oder nochmals ein Auge zuzudrücken. Und als ganz natürliche Reaktion auf Christas allzu großes Interesse an den Blähtonkügelchen bringt ihre Mutter sie dreimal für kurze Zeit in den Gang. Bald begreift das Mädchen und lässt den Topf in Ruhe.

Die ganz selbstverständliche, natürliche Folge auf unerwünschtes kindliches Verhalten hat einen unmittelbaren Bezug dazu, sie liegt auf der Hand. Sie ist greifbar nahe, so nahe, dass sie oft fast unsere Nasenspitze berührt. Von selbst ergeben hat sich in Michèles Fall, dass die Mutter nicht mit ihrer Tochter auf dem Spielplatz bleiben mag. Abgesehen davon würde sie Michèles unerwünschtes Verhalten damit nur noch unterstützen. Sie handelt entsprechend, auch wenn die Kleine noch so tobt und ungeachtet der Blicke der Leute ringsum! Michèle hatte die Wahl und muss für ihr Verhalten geradestehen.

Die »logische Folge« ist schon vielfach beschrieben und besprochen worden. Sie wird vom Kind, eben gerade weil sie einen direkten Bezug zu seinem Verhalten hat, viel eher akzeptiert als eine Strafe. Nur sind sich die meisten Eltern nicht bewusst, **dass die logische Folge weder Buße noch Vergeltung sein soll, da sie sonst die Bedeutung und Auswirkung einer Strafe bekäme und deshalb vom Kind als unfair empfunden und seinen Widerstand hervorrufen würde.**

Vergessen wir nicht, auf unsere Worte, unsere Stimme und unseren Gesichtsausdruck zu achten. Wenn wir zu Michèle sagen: »Ich habe dir ausdrücklich gesagt, du sollst aufhören, Flurina zu stoßen! Nun hast du es dir selbst zuzuschreiben, dass du nach Hause musst«, würden wir die natürliche Folge zur Strafe machen.

Manchmal beobachte ich Eltern, die in ähnlichen Situationen einen besonders süßen Tonfall annehmen. Es kann auch vorkommen, dass sie ein strenges Gesicht aufsetzen und dabei anderen Erwachsenen schalkhaft zublinzeln. Das sind falsche Signale. Denn in Wirklichkeit sind sie mit dem Verhalten ihres Kindes nicht einverstanden und sollen auch dazu stehen, um glaubhaft zu sein!

»Igitt, pfui Teufel! Würstchen! Die esse ich nicht«, sagt Peter, obwohl er sie recht gerne mag. Darauf seine Mutter aufgebracht: »Das habe ich gehört!« Sie verweigert ihm die Wurst und wirft ihm Undankbarkeit vor. Nach einem heftigen Wortgefecht verlässt Peter wütend den Tisch, wirft absichtlich das Telefon zu Boden und schlägt die Tür hinter sich zu.

Nur zu gut verstehe ich die Gefühle der Mutter. Es ist schwierig, in einer solchen Situation gelassen zu bleiben. Sie kann die Folge von Peters Unverschämtheit eintreten lassen, indem sie ihn ganz selbstverständlich beim Verteilen der Würstchen auslässt. Es wäre sicher unklug, ihm Würstchen zu geben, wenn er sie auf diese unhöfliche Weise verschmäht. Sie braucht sich weder zu erklären noch zu rechtfertigen. Ihre neue, unerwartete Haltung löst vielleicht Peters heftigen Protest aus. Darauf kann sie ganz ruhig erwidern:

»Peter, ich möchte dir keine Würstchen geben, die du nicht magst.« Dann sollte sie sich auf keine weitere Diskussion einlassen.

Oft geht es dann aber ungefähr so weiter:

»Ich mag Würstchen ja schon ein bisschen, aber nicht so sehr.«
»Dann brauchst du dich nicht so unverschämt zu benehmen!«
»Du hast schon letzte Woche Würstchen gemacht! Immer machst du Würstchen!«
»Muss ich den Herrn jetzt auch noch fragen, wann ich was auf den Tisch bringen darf?«
»Papi hat auch gesagt, er habe lieber Soßenfleisch, und am nächs-

ten Tag hast du es ihm gekocht. Aber auf mich nimmt ja keiner Rücksicht!«
»Das ist etwas anderes ...«
»Nein, das ist überhaupt nichts anderes, huhuuuu!«
»Willst du jetzt Wurst oder nicht?«
Peter angelt sich eine Wurst, und der Friede ist wiederhergestellt – zumindest für den Augenblick ...

»Gestern sollte Lydia ihre Knetmasse vom Küchentisch wegräumen, bevor wir zur Mutter-Kind-Gymnastik wollten. Sie liebt diese Stunden zusammen mit mir, meiner Freundin und ihrer kleinen Tochter. Doch statt aufzuräumen, ging sie in ihr Zimmer und spielte mit dem Puppenhaus. Ich unterließ es bewusst, sie alle zwei Minuten zu mahnen und mich zu ärgern, um am Ende die Knetmasse dann doch selber aufräumen zu müssen. Als meine Freundin mit ihrer Tochter an unserer Tür klingelte, sagte ich vernehmlich: ›Lydia ist noch nicht bereit. Geht ihr nur!‹ Schnell räumte Lydia die Knetmasse weg, wischte den Tisch ab und kam nach zehn Minuten fertig angezogen zu mir.
›Schade, Lydia, die Gymnastikstunde hat schon begonnen.‹
Auf ihr ohrenbetäubendes Geschrei ging ich nicht ein. Noch eine ähnliche Situation spielte sich am folgenden Tag ab. Auch da blieb ich konsequent. Seither sind wir diese aufreibenden Dramen weitgehend los.«

Auch hier hat sich die Folge ganz von selbst ergeben. Die Mutter musste allerdings die Kraft aufbringen, den Protest ihrer Tochter *auszuhalten*. Das Ergebnis: Lydia hat nach einigen ähnlichen Situationen begriffen, dass ihre Mama meint, was sie sagt, und nimmt sie seither ernst. Das Familienklima hat sich entspannt.

Bevor wir unserem Kind Grenzen setzen, überlegen wir uns, ob sie angebracht und vernünftig sind und ob sie vom Kind eingehalten werden können. Wenn Grenzen einmal gesetzt sind, vermeiden wir es, ein zweites oder gar drittes Mal zu mahnen oder gar zu drohen. Handeln wir! Wenn wir mit unserem Kind ver-handeln, d. h. hin- und herargumentieren, statt uns zu entscheiden, geht es meist als Sieger daraus hervor. Sicher ist das seinem Charakter nicht zuträglich.

Wir sollten also einen Grund haben, wenn wir von unseren Kindern etwas fordern oder Grenzen setzen müssen. Wenn wir sie schlafen schicken, haben wir einen Grund, denn es ist Zeit dazu, und morgen müssen sie in die Schule. Wenn sie in der Wohnung umhertoben, fordern wir sie zu Recht auf, einer anderen Beschäftigung nachzugehen. Brauche ich meine mittägliche Erholungspause oder muss ich mich auf eine Arbeit konzentrieren, habe ich guten Grund, von ihnen Rücksicht zu fordern. Kinder reagieren aber zu Recht ungehalten und trotzig, wenn wir aus einer Laune heraus gewähren oder verbieten.

Auf der Gartenterrasse eines Selbstbedienungsrestaurants saßen mein Mann und ich neben einer jungen Familie. Die Mutter fragte ihre beiden Söhne, was sie trinken wollten. Der eine wünschte Cola, der Kleinere antwortete nicht. Sie fragte ihn noch dreimal. Dann holte sie auch ihm eine Cola.

»Ich will aber keine Cola«, reklamierte er.

»Was möchtest du denn haben?«

Mit großer Geduld wiederholte sie die Frage, bis der Kleine gnädigst ein Schokoladeneis forderte, das sie ihm auch gleich brachte. Er kostete ein wenig davon und schob es dann beiseite.

Wenn der kleine Prinz seiner Mutter nicht Bescheid sagt, was er haben möchte, ist die ganz natürliche und selbstverständliche Reaktion darauf, ihm nichts zu holen. Vielleicht würde er das neue Verhalten seiner Mutter mit lautem Protest beantworten – angesichts der vielen Zuschauer keine angenehme Sache. Ein Elternteil könnte mit ihm das Restaurant verlassen, bis er sich beruhigt hat. Es liegt auf der Hand, dass man ihm in der geschilderten Situation kein Getränk mehr holen soll.

Der dreieinhalbjährige Sam, ein feingliedriges, kleines, aber aufgewecktes und kerngesundes Bürschchen, bereitet seinen Eltern große Sorge wegen seines Essverhaltens. Wenn die Mutter ihm seine Banane in Scheibchen zerteilt, schreit er lauthals, er wolle sie ganz. Geduldig holt sie ihm eine neue Banane. Worauf das Theater von Neuem losgeht. »Nein, ich will sie zerteilt!« Sam hat seine Eltern voll im Griff, wohl wissend, es ist **ihr** Anliegen, dass er isst.

Heute treibt er es so bunt, dass ihr der Geduldsfaden reißt: »Jetzt kannst du mich mal«, schimpft sie, packt ihn und bringt ihn kurz entschlossen zu Bett. Sam brüllt: »Mami, ich hab Hunger!«

Diesmal gibt sie nicht nach. Sie lässt ihn schreien, bis er einschläft. Nachher ist er schlecht gelaunt und ekelhaft. Ratlos erzählt sie es der Gruppe.

Die TeilnehmerInnen raten ihr, Sams Banane unzerteilt auf den Teller zu legen und ein (stumpfes) Messer dazu. So kann er selbst entscheiden, ob er sie zerteilen will oder eben nicht. Vielleicht zerschneidet er sie und verlangt dann doch wieder eine ganze. In diesem Fall hat die Mutter die Möglichkeit, ganz ruhig die Küche zu verlassen (sich aus dem Machtkampf zurückziehen). Oder sie kann den Teller ganz ohne Aufheben wegräumen (handeln, statt hin- und herzudiskutieren!). Selbstverständlich hat sie die Wahl, sich auch weiterhin Sams Terror zu beugen. In diesem Fall wird sich gar nichts ändern, und sie wird sich weiter mit solch unschönen Szenen herumschlagen müssen. Sie ist jedoch entschlossen, dem Terror ein Ende zu bereiten, koste es, was es wolle.

Bei der nächsten Mahlzeit räumt sie ganz einfach Sams Teller weg, sobald er sie zu schikanieren beginnt. Sie sagt nichts, macht auch kein ärgerliches Gesicht, unterdrückt ihren Wunsch, ihm eine Standpauke zu halten oder ihr Verhalten zu rechtfertigen, und schickt sich an, die Küche aufzuräumen. Sam ist verblüfft und geht dann spielen. Zwei Stunden später verlangt er nach der Banane und isst sie auf.

Bei der nächsten Mahlzeit macht Sam einen weiteren Versuch, die Mutter mit seinen Launen zu beschäftigen, doch sie geht nicht darauf ein.

Sie hat den Teufelskreis unterbrochen, indem sie sich entschieden hat, ihre Nerven zu schonen. Sie kümmert sich ganz einfach nicht mehr um Sams Theater beim Essen.

Manche Eltern denken, es gehöre um jeden Preis dazu, dem Kind wehzutun, um es gefügig zu machen. Man müsse ihm etwas Geliebtes entziehen, es demütigen oder gar schlagen. Dem ist nicht so. Das Eintretenlassen der natürlichen Folge bedeutet weder Vergeltung noch Buße. Sie ist die sich ganz von selbst ergebende Auswirkung seines Verhaltens, ist Chance zum Wieder-in-Ordnung-Bringen, ohne dass es sein Selbstwertgefühl zu verlieren braucht. Es wird motiviert für ein besseres Verhalten und gelangt schrittweise zur Eigenverantwortung, weil es sich daran gewöhnt, die Folge seines Tuns und Lassens zu tragen. Yannick sagte ganz trocken und mit größter Selbstverständlichkeit: »Ich mache es besser nicht wieder« (Seite 68).

Eine junge Mutter sagte:

»Die natürliche Folge kindlichen Fehlverhaltens ergibt sich von selbst, während die Strafe von uns Erwachsenen gemacht wird.«

Genau!

Das Kind spürt sehr wohl, ob wir Vergeltung an ihm üben oder ganz einfach die natürliche Folge seines Tuns und Lassens eintreten lassen! Koni wird vermutlich aufhören, die Wände mit seinem Klebestift zu beschmieren, nachdem er die ruhige und standhafte Haltung seiner Mutter erfahren hat. Peter wird voraussichtlich nächstes Mal sein Würstchen essen, ohne die Mutter zu tyrannisieren, der »kleine Prinz« wird seinen Eltern Bescheid geben, wenn sie im Restaurant nach seinen Wünschen fragen, und Sam wird seine Banane genießen, ohne Szenen zu machen. Kinder spüren unsere ruhige, selbstverständliche Festigkeit und akzeptieren sie.

Der Durchbruch zu einer wohlwollend-konsequenten Haltung ist nicht einfach, sondern eine große Herausforderung an die Eltern. Es heißt ruhig und standhaft bleiben. Und dazu braucht es Entschlossenheit, Mut, Kraft und Durchhaltewillen. Durchhalten, aushalten, nicht doch noch schwach werden, nicht doch noch nachgeben, das ist angesagt und harte Arbeit. Nicht durchhalten *gegen* das Kind, nicht aus Trotz oder dem Wunsch nach Vergeltung an unserem Kind, sondern aus der Überzeugung, dass wir so nicht mitmachen, unseren Kindern und uns selbst zuliebe.

Wenn es uns an Standhaftigkeit fehlt, erleben uns die Kinder als willenlose Spielbälle, als Hampelmänner, die man im Griff hat, nicht ernst zu nehmen braucht und auch nicht wirklich achten kann. Mit Eltern, denen es an Festigkeit mangelt, kann man umspringen, wie es einem gerade dienlich ist. Man kann ihre »Gutmütigkeit« nach Strich und Faden zum eigenen Vorteil ausnützen.

Haben Sie auch schon Hände ergriffen, die keinen Gegendruck gaben? Leer und kraftlos hingen sie in Ihrer Hand. Äußerst unangenehm, nicht wahr? Wo wir unseren Kindern nichts entgegensetzen, fühlen sie sich genauso ungehalten. Und als Reaktion auf unsere »schlaffe« Erziehung, die sie oft auch als gleichgültig erleben, *benehmen* sie sich ungehalten, ekelhaft, anmaßend und grenzenlos. Das ist nicht böse, sondern ganz einfach die logische Antwort darauf, dass wir ihnen Sicherheit und Stütze – auf die sie ein Recht haben – vorenthalten!

Das Kind hat feinste Antennen! Es kennt unsere Stimme und unsere Gesten, liest auch die feinsten Nuancen in unserem Gesicht und merkt genau, ob wir es ernst meinen. Wir können noch so sehr versuchen, ihm etwas vorzumachen: Es lässt sich nicht täuschen. Wir brauchen auch nicht laut zu werden, um zu manifestieren, wer in diesem Hause der Chef ist.

Es zählen nur unsere ruhige, wohlwollende Sicherheit und Entschlossenheit.

Einander nicht in den Rücken fallen

Er ist ein geradliniger, sensibler und intelligenter junger Mann, der nach den Dingen des Lebens fragt und andere leben lässt, sie eine unkomplizierte Frau mit einer fröhlichen, liebenswerten Ausstrahlung. Dass sich die beiden innig lieben, sieht man an der Art, wie sie sich ansehen und verstehen. Doch Liebe schützt vor Konflikten nicht. Und ihr Konflikt entfacht sich an Dani. In der Erziehung ist der Vater für eine liebevoll-konsequente Haltung, für genügend Freiheit innerhalb klarer Grenzen. Seine Frau hat den tiefen Wunsch nach Harmonie und tut alles, sie zu erhalten. Deshalb hat sie auch Mühe, »Nein« zu sagen. Und Dani, siebenjährig, in jeder Beziehung ein kerngesunder Junge, nützt das nach Strich und Faden aus.

Herr Lang und seine Frau haben gestern mit Dani gesprochen. Sie wollen es nicht mehr dulden, dass er regelmäßig zu spät zum Abendessen erscheint. Dani kommt auch heute nicht zeitig nach Hause. Die Eltern haben beschlossen, nicht mehr mit Dani zu argumentieren und stattdessen zu handeln. Bedrückt sitzen sie beim Abendessen. Dann räumen sie ab.

Nach einer Weile geht die Haustür, und Dani stürmt in die Wohnküche. Er will sich an den Tisch setzen und hält erstaunt inne.

»Ist das Abendessen denn noch nicht fertig?«

»Wir haben schon gegessen«, sagt der Vater ruhig. »Wenn du Hunger hast, kannst du dir Brot nehmen, und Äpfel gibt es auch.«

Dani schaut bestürzt drein. Zuerst versucht er, mittels tausend Erklärungen und Argumenten ein Abendessen zu erzwingen. Dann klagt er über seinen Hunger, droht und brüllt. Doch heute hat er keinen Erfolg. Er geht in sein Zimmer und macht Hausaufgaben. Beim Rechnen hat er eine Panne, bittet seinen Vater um Hilfe und bekommt bereitwillig die notwendige Unterstützung. Dann geht er in den Garten, holt sich später in der Küche Brot und einen Apfel und geht etwas früher zu Bett als sonst. Die Eltern sitzen im Wohnzimmer. Der Vater ist heilfroh, dass seine Frau nicht weich geworden ist und Dani nicht gegen ihn verteidigt hat. Er muss noch ein geschäftliches Telefonat erledigen, und sie begibt sich derweil in die Küche und schaut dann noch schnell bei Dani hinein. Er ist noch wach. Blitzschnell zieht sie unter ihrem Pullover ein Würstchen und ein Stück Kuchen hervor, schiebt es unter Danis Decke und verschwindet ins Wohnzimmer.

Das neue Bündnis zwischen Mutter und Sohn zeigt seine Wirkung sofort.

Am folgenden Abend macht Dani keine Szene mehr, als er wieder zu spät nach Hause kommt und der Tisch bereits abgeräumt ist. Er nimmt sich nicht einmal ein Stück Brot und auch keinen Apfel. Zufrieden geht er ins Freie und später zu Bett.

Und nun braucht er nur noch zu warten, bis ihm die erwarteten Leckereien geliefert werden.

Der Vater ist erstaunt über Danis neuen trotzigen und herausfordernden Ton. Eigentlich liebt und verehrt Dani seinen Vater. Andererseits ist er »stocksauer« auf ihn, weil er »so streng« ist. Mit Mutter geht alles viel leichter. Sie schützt ihn vor Vaters »Härte« und auch vor den Härten des Lebens. Dani ist sich zwar sehr wohl bewusst, dass sie sich dem Vater gegenüber äußerst unloyal verhält. Und er verachtet ihre Schwäche, von der er aber doch immer wieder gerne profitiert. Dieser innere Zwiespalt belastet ihn. Auf seine Schuldgefühle gegenüber seinem Vater reagiert er mit gehässigem und bockigem Verhalten.

Während einiger Wochen geht das nun so. Eigentlich will Frau Lang ihrem Mann nicht in den Rücken fallen. Doch sie erträgt den Gedanken nicht, dass Dani ohne ein richtiges Abendessen zu Bett gehen soll. Als ihr Mann dahinterkommt, dass sie ihn hintergeht, geraten die beiden in eine ernsthafte Ehekrise.

Nach dem Kurs kommen die Eltern zu mir. Frau Lang liebt ihren Mann und sieht auch ein, dass ihre »gutmütige« Haltung äußerst unloyal und dem Familienklima keineswegs zuträglich ist. Nach einem längeren Gespräch entschließt sie sich, ihren Mann fortan bei seinen Bemühungen, Dani zur Eigenverantwortung zu führen, zu unterstützen und mit ihm am gleichen Strang zu ziehen.

Wenn Eltern einander in den Rücken fallen, führt das meist zu Problemen in Ehe und Familie. Eltern sollten versuchen, sich über die Erziehung ihrer Kinder einig zu sein, so gut das möglich ist. Das ist mitunter recht schwierig, stammt man doch aus verschiedenen Elternhäusern und hat deshalb oft recht unterschiedliche Auffassungen über Kindererziehung. Es ist dann besonders wichtig, miteinander im Gespräch zu bleiben und zu versuchen, immer wieder zu einem gemeinsamen Nenner zu finden. Wenn das nicht möglich ist und wenn wir sehen, dass die Kinder unter der Uneinigkeit ihrer Eltern leiden oder sie ausnützen, ist es oft das Beste, eine Erziehungs- oder Familienberatung aufzusuchen.

07
Handeln, statt endlos hin- und herzuargumentieren

Ganz unverhofft geraten wir manchmal mit unseren Kindern in einen Machtkampf. Einen Weg daraus zu finden ist meist schwierig.

Manchmal ist es klug, in einer Konfliktsituation Befehle zu unterlassen. Sie würden den Widerstand des Kindes nur noch verhärten. *Entscheiden wir stattdessen, was wir selbst tun oder lassen wollen,* z. B. dass wir dem »kleinen Prinzen« kein Getränk holen, wenn er unsere Frage ignoriert, oder dass wir mit unserer Tochter nach Hause gehen, wenn sie sich auf dem Spielplatz nicht benehmen will. Und halten wir dann durch! Halten wir ihren Protest und die Blicke der Leute ringsum aus! (Übrigens: Glauben Sie wirklich, dass die mit ihren eigenen Kindern keine Probleme haben?) *Vermeiden wir jetzt um jeden Preis unnütze Worte!* Lassen wir uns nicht auf ein Wortgefecht ein!

Statt sich mit Nicole (Seite 30 f.) in einen Streit um den Kartoffelbrei hineinziehen zu lassen, haben die Eltern gehandelt. Sie entschieden, was sie selbst tun wollten, und räumten den Tisch ab. Lisas Mutter (Seite 31) war nicht mehr willens, eine Tragödie um die nasse Wäsche ihrer Tochter zu machen. Sie beschloss, Lisas Kleider für sie besser zugänglich zu machen. Den Rest ließ sie das Problem ihres Kindes sein und kümmerte sich nicht mehr darum. Und die junge Mutter der beiden »Bummler« (Seite 31) beschloss, sich mit ihrem Krimi eine entspannte halbe Stunde im Bett zu machen.

Gemeinsam war allen, dass sie *entschieden,* was sie tun oder lassen wollten, ohne hin- und herzudiskutieren und ohne sich zu sorgen. Sie lehnten es ab, sich ihr Leben durch steten Ärger zu vermiesen, zogen sich aus dem Machtkampf zurück und taten sich damit Gutes.

Wenn wir **entscheiden**, statt den Machtkampf mitzukämpfen, werden wir erfahren, dass die Kinder zu denken beginnen. Sie werden aufhören, uns für die Lösung ihrer eigenen Angelegenheiten verantwortlich zu machen, und werden zur Eigenverantwortung finden.

»Du kommst jetzt sofort aus dem Bad.«

Ramona, vierjährig, tut, als höre sie nicht.

»Jetzt steig endlich aus dem Bad! Ich habe dich nun schon viermal gerufen! Vater kommt bald nach Hause, und dann wollen wir essen. Hast du gehört?«

Keine Antwort.

»Jetzt kommst du endlich aus dem Wasser!«

Keine Antwort.

Nach etwa fünf Minuten:

»Ramona, wenn du jetzt nicht endlich aus dem Bad kommst, hol ich dich!!!«

Keine Antwort.

Nach einer weiteren Minute zerrt Mutter die um sich schlagende und schreiende Ramona laut schimpfend aus dem Bad, gibt ihr einen Klaps und verschwindet ärgerlich in der Küche!

Ramona schreit, sie könne sich nicht anziehen, und wirft absichtlich den Wäscheständer um. Mutter gibt ihr einen weiteren Klaps. Der Machtkampf ist in vollem Gange.

Besser:

»Ramona, wenn du den Wecker hörst, musst du aus dem Bad.«

Keine Antwort.

Nachdem er geklingelt hat: »So, Ramona, die Uhr hat gesagt, es ist jetzt Zeit, aus dem Bad zu kommen.«

Keine Antwort.

Mutter geht ins Badezimmer:

»So, meine große Wasserratte, heraus aus dem Nass!«

Damit hebt sie Ramona aus der Badewanne, schrubbt sie trocken und zieht ihr das Nachthemd über. Ramona protestiert kurz, zieht dann den Stöpsel heraus, um das Badewasser ablaufen zu sehen, sieht zu, wie die Schiffchen tanzen und fischt sie aus der Wanne.

Hier hat die Mutter gehandelt, sicher und entspannt, ohne sich auf einen Machtkampf einzulassen und *ohne Trotz gegen ihr Kind*. Und mit einer Portion Nachdruck und Humor geht es gleich viel besser!

Lassen wir uns nicht auf Machtkämpfe ein. Vermeiden wir es, zu kommandieren. Handeln wir ohne Trotz und unterlassen wir unnütze Worte.

Wir unterliegen allzu leicht der Versuchung, uns mit unseren Kindern herumzuzanken, uns zu rechtfertigen und hin- und herzuargumentieren, um am Ende doch noch nachzugeben.

Weshalb fällt es uns eigentlich so schwer, ruhig und standhaft zu bleiben? Was geht in uns vor?

Während vieler Jahre standen die Kinder unter der Fuchtel der autoritären Erziehung. Heute leiden sie – und ihre Eltern nicht minder – unter der noch immer aktuellen »antiautoritären« Erziehung. Und auch diese bringt nicht den gewünschten Erfolg, weil die Kinder eine sichere Führung vermissen, die ihnen Orientierung, Geborgenheit und Halt geben soll. Tausende verunsicherte Eltern suchen verzweifelt nach Wegen, die Gratwanderung der Kindererziehung zu bewältigen.

»Wir lieben unsere Kinder so sehr, dass wir ihnen nicht wehtun möchten«, sagt ein Vater.

Ich möchte Sie hier nochmals fragen: Kommt uns da nicht auch unsere Furcht in die Quere, »böse« Eltern zu sein, wenn wir standhaft bleiben? Ist es denn böse, wenn wir aus guten Gründen fest bleiben? Verwechseln wir möglicherweise Konsequenz mit schonungsloser Härte? Oder könnte es sein, dass wir Konflikten mit unseren Kindern lieber aus dem Weg gehen, als uns ihnen zu stellen, oder dass wir eine riesengroße Angst davor haben, das Kind könnte uns seine Liebe entziehen, wenn wir ihm etwas versagen? Schonen wir da nicht auch uns selbst, indem wir den Weg des geringeren Widerstandes gehen? Doch dieser Weg lohnt sich nicht, denn beim nächsten Mal werden wir wieder die gleichen mühsamen, qualvollen Szenen ertragen müssen, und wieder und wieder … Das hilft weder uns noch unseren Kindern!

Inkonsequenz und Unsicherheit werden von den Kindern nicht dankbar entgegengenommen, sondern sie antworten uns, indem sie Macht über uns ausüben und indem sie sich daran gewöhnen, auf sich selbst bezogen andere zu übergehen. Kinder, die nicht gelernt haben, auch an den anderen zu denken, entwickeln sich zu Tyrannen, denen man besser aus dem Wege geht.

Das Leben ist zuweilen hart. Und ganz ungefragt präsentiert es uns die Folgen unseres Tuns und Lassens, seien sie angenehm oder nicht. Um unsere Kinder auf ihr Leben vorzubereiten – und die beschwerlichen Seiten davon beginnen spätestens bei Schuleintritt –, sollen wir sie mit echter Liebe, d. h. mit einer gesunden, wohlwollend-konsequenten Begleitung stützen und stärken. Kinder können sich keine schwachen Eltern und Erzieher leisten. Was sie brauchen, sind starke, mutige und lebensoffene Vorbilder, an denen sie Halt und Sicherheit finden.

Wir haben in den vergangenen Kapiteln über manch unerwünschtes kindliches Verhalten gesprochen. Vergessen wir darüber nicht, dass Kinder täglich, ja stündlich, ihre guten, ja wundervollen Seiten zeigen. Auch ihre guten Seiten haben Folgen, nämlich schöne und beglückende. Genießen wir in vollen Zügen solch erfrischende Stunden der Entspannung und des berechtigten Stolzes auf unsere Jungen und Mädchen, diese kleinen Lebenskünstler, diese liebesfähigen Geschöpfe, die unser Herz so unendlich reich beschenken wie sonst niemand auf der Welt. Vergessen wir nie, solche Glücksgefühle dankbar in unser Herz einfließen zu lassen, sie auszukosten und daraus Kraft und Mut zu schöpfen und auch die Kinder an unserem Glück teilhaben zu lassen!

08
Es ist der Ton, der die Musik macht

- »Siehst du! Ich habe es dir ja gesagt, jetzt hast du die Bescherung!«
- »Du bist doch selber schuld!«
- »Wer nicht hören will, muss fühlen!«
- »Tu nicht so saublöd, sonst ...«

Es ist der Ton, der die Musik macht. Einige Beispiele:

Josephine trödelt beim Ausziehen. Als sie endlich fertig ist, sagt der Vater ärgerlich:
»Josephine, ich habe dir schon tausendmal gesagt, du sollst nicht trödeln. Aber du hörst ja nicht auf mich! Du denkst immer, du wüsstest es besser. Nun ist es schon halb neun, und du bist selber schuld, dass keine Zeit mehr für die Geschichte bleibt. Merk es dir für morgen!«

Besser:
Nachdem Josephine getrödelt hat, begleitet ihr Vater sie zu Bett. Er schaut auf die Uhr: »Oh, schon halb neun! Schade, dass keine Zeit mehr für die Geschichte bleibt!«

Die meisten Eltern reden viel zu viel! Der Vater muss Josephine nicht erklären, weshalb keine Zeit mehr für die Geschichte bleibt. Sie selbst weiß es ganz genau. Weshalb also diese unnützen Worte, die nichts, aber auch gar nichts fruchten, im Gegenteil. Es genügt, die Auswirkung ihres Trödelns ruhig und selbstverständlich eintreten zu lassen, nämlich in diesem Falle, dass es nicht mehr für die Gutenachtgeschichte reicht.

André kleckert beim Essen.
»Schau mal deinen Platz an! Und der Stuhl ist auch ganz voll! Geh und hol den Lappen!«

Besser:
»Oh, da ist ein Tomatenfleck auf dem Stuhl! André, der Lappen liegt auf dem Küchentisch.«

Im Kindergarten hat die kleine Mara die Unart, einer Praktikantin das Zeichenpapier aus der Hand zu reißen, wenn sie es ihr hinreicht. Beim nächsten Mal hält die Praktikantin das Blatt fest und legt es mit abweisender Grimasse und unfreundlichem Schulterzucken ins Regal zurück. Ich beobachte, wie Mara ihr heimlich die Zunge herausstreckt.

Es liegt mir ganz besonders daran, Ihnen zu sagen, wie bedeutsam unser Verhalten und unser Ton gegenüber den Kindern sind. So wie wir es von ihnen erwarten, so sollen auch wir zu unseren Kindern höflich sein. Begegnen wir ihnen mit Achtung, so wie wir selbst geachtet werden wollen. Die Art und Weise, wie wir ihnen begegnen, wird von ihnen aufgenommen und beantwortet. Wenn wir, wie diese Praktikantin, zu ihnen unhöflich oder gar schnodderig sind, werden sie uns im gleichen Stil antworten. Wenn unser Ton aggressiv und belehrend ist, werden sie es uns in der gleichen Sprache zurückgeben. Achten wir einen Tag lang auf unseren Gesichtsausdruck, unsere Körpersprache, unsere Wortwahl! Vielleicht werden wir über das Resultat erstaunt sein. Wenn wir es uns angewöhnen, unseren Kindern mit Achtung zu begegnen und dasselbe auch von ihnen fordern, werden Aggressionen abgebaut. Das Familienklima entschärft sich, und wir können unserem Zusammenleben wieder viel mehr Freude abgewinnen.

09 Den Kindern ihr Schlupfloch lassen

Zur Höflichkeit gegenüber Kindern gehört auch, sie nicht zu »überfahren«.

Durch das Fenster erkenne ich Patrick mit seinem Vater. Es ist unüblich, dass sie verspätet kommen. Beide ziehen grimmige Gesichter und ich vermute, dass sie sich wieder einmal heftig gezankt haben, diese beiden Männer mit ihren Schädeln aus Beton, die sich doch so heiß und innig lieben! Wenn sie sich ineinander verkeilen – so berichtet mir die Mutter –, geht es nicht ohne harte Worte und Türenschlagen. Ich höre die Eingangstür zuknallen und sehe Patricks Vater Richtung Parkplatz verschwinden. Keine Spur von Patrick!

»Aua«, denke ich und öffne die Tür zur Garderobe. Dort hockt der kleine Mann in der hintersten Nische des Ganges! Im Halbdunkel kann ich sein Gesicht nicht erkennen. Doch sein zusammengekauerter und angespannter kleiner Körper verrät Trotz und Wut.

Zwei Minuten später sehe ich nochmals nach. Patrick hat sich nicht von der Stelle gerührt.

»Patrick«, sage ich leise. Keine Antwort.

»Ich lasse die Tür einen kleinen Spalt offen. Komm einfach rein, wenn dir danach zumute ist.«

Fünf Minuten später macht er den Spalt etwas breiter. Und es vergehen nochmals fünf Minuten, dann schlüpft er unbeachtet in den Kindergarten und mischt sich unter die Jungen und Mädchen. Niemand hat etwas bemerkt, und so stellt auch niemand Fragen.

Auch Kinder haben das Recht, sich in ihr »Schlupfloch« zurückzuziehen. Auch sie haben Anspruch auf ihre kleinen Geheimnisse. Treten wir ihnen nicht zu nahe, wenn sie Distanz brauchen. Versuchen wir nicht, in sie einzudringen, wenn sie sich zurücknehmen müssen, um für eine Weile alleine zu sein, ihre Ruhe zu haben und mit sich selbst ins Reine zu kommen. Denken wir an den »Waiter«. Warten wir! Sie werden wieder aus ihrem »Schlupfloch« kommen und uns dann umso mehr lieben für den persönlichen Freiraum, den wir ihnen bereitwillig und selbstverständlich zugestehen.

Auch Kinder haben Angst davor, ihr Gesicht zu verlieren. Nehmen wir Rücksicht auf ihre Gefühle! Patrick wollte nicht sprechen, brauchte Distanz und wollte vor allem sein Gesicht wahren. Er brauchte Zeit, um wieder ins Lot zu kommen. Dass die Tür einen Spalt breit offen blieb, erleichterte ihm das Eintreten.

Eine halbe Stunde später zeigte er mir das Haus, das er gebaut hatte. Ich kniete mich nieder, um sein Werk zu bewundern. Dann fragte ich:

»Alles okay?« Er schaute mich grinsend an.

In solchen auch für uns schwierigen Situationen ist es am besten, wir lassen unser Kind fühlen, dass unser Herz stets einen Spalt breit offen bleibt und dass sie es jederzeit aufstoßen dürfen, um Gehör und Verständnis zu finden!

10 Drohen

- »Komm nach Hause, sonst gibt es kein Mittagessen!«
- »Räum sofort dein Zimmer auf, sonst darfst du nicht fernsehen!«
- »Hört auf zu streiten, sonst müsst ihr auf eure Zimmer gehen!«
- »Sei nicht so laut, sonst nehme ich dir das Spielzeug weg!«
- »Zieh dich endlich aus, sonst gibt es keine Gutenachtgeschichte!«
- »Iss anständig, sonst nehme ich dir den Teller weg!«
- »Putz dir die Zähne, sonst bekommst du keine Schokolade mehr!«
- »Geh spielen, sonst musst du ins Bett!«

Unzählige Eltern hängen jeder Aufforderung an ihre Kinder gleich die passende Drohung an, obschon sie im Grunde ganz genau wissen, dass diese Methode nicht den erwünschten Erfolg zeigt und zudem das Klima in der Familie erheblich beeinträchtigt. Und doch tun sie es immer wieder.

»Weshalb eigentlich drohen wir?«, frage ich die Eltern.

»Wir fühlen uns hilflos, weil wir von vornherein annehmen, dass sie uns ja doch nicht gehorchen werden.«

»Wenn wir unsere Kinder bestrafen, lieben sie uns vielleicht nicht mehr. So drohen wir lieber, um Strafen zu umgehen.«

»Weil ich mich vor meinem Kind ängstige.«

»Weil mir Kraft und Sicherheit zu einer konsequenten Haltung fehlen und ich nicht durchgreifen mag.«
»Mein Kind könnte Fehler begehen, die ihm Schaden zufügen.«
»Die Kinder gehen mir auf den Geist und ich habe Angst, auszuflippen und dabei etwas zu tun, das ich nachher bereue.«

Ein Vater sagt:
»Drohungen führen mich jedes Mal in eine Sackgasse, aus der ich nicht mehr herausfinde. Ich sehe keinen Ausweg aus diesem Teufelskreis!«

Es steckt so unendlich viel Hilflosigkeit und Angst in elterlichen Drohungen!

»Wir waren im Begriff, zusammen mit Freunden auf eine Bootsfahrt zu gehen. Robi freute sich darauf und hatte auch schon sein Badezeug bereitgelegt.
Nach dem Frühstück weigerte er sich, den Tisch abzuräumen, und maulte, wir würden ihn ausnützen.
›Du räumst jetzt sofort ab, sonst gehen wir nicht auf den See!‹
Robi wusste sehr wohl, dass wir unsere Drohung nicht wahrmachen und stattdessen zittern und zagen würden, ob er uns wohl gehorchen würde. Er hat uns voll im Griff. Das Donnerwetter und die Ohrfeige berührten ihn nicht groß, denn er war sich seines Sieges gewiss. Wir sind dann auch wirklich mit ihm losgefahren.«

Unsere Drohungen sind ein Zeichen von Ratlosigkeit und Ohnmacht. Gewohnheitsmäßiges Drohen ist eine Kapitulationserklärung an unsere Kinder. Wenn wir drohen, legen wir ihnen unsere Hilflosigkeit gleichsam vor die Füße, und sie nützen sie schamlos aus. Sie reagieren auf diese unverfrorene Art, weil sie unsere Unsicherheit nicht brauchen können, und weil unsere Schwachheit, die sich in den Drohungen äußert, ihren Widerstand reizt und ihre Aggressionen schürt. Leicht kommt es dann auch zur bekannten Gegendrohung:

- »Dann sage ich es dem Papi!«
- »Dann haue ich Ellen!«
- »Dann räume ich absichtlich nicht auf!«
- »Dann schmiere ich die Wand voll!«
- »Dann mache ich meine Hosen voll!«
- »Dann schmeiße ich die Milch auf den Boden!«
- »Dann beiße ich dich!«
- »Oder willst du, dass ich dich nerve?«

Wenn wir dem Kind drohen, fühlt es genau, dass wir seine Angelegenheit zu unserem eigenen Problem machen: Und es weiß auch sehr wohl, dass es uns mit unserer Drohung nicht wirklich ernst ist. Deshalb fordert es uns heraus, manchmal bis aufs Äußerste. Eltern, die drohen, verlieren die Achtung ihrer Kinder.

Zählen wir auch hier während eines einzigen Tages, wie oft wir drohen! Vielleicht erschrecken wir über das Resultat.

Was sollen wir tun?

Wir sollen unserem Kind ruhig, kurz, unmissverständlich und ohne uns zu rechtfertigen klarlegen, was wir von ihm erwarten:

»Robi, der Frühstückstisch gehört abgeräumt, bevor wir gehen. Punkt neun Uhr müssen wir losfahren.«
Wir können ihm eine Eieruhr hinstellen mit der Bemerkung:
»Robi, wenn die Uhr klingelt, ist es Zeit zum Losfahren.«

Wenn Robi sich weigert, sein Amt in der Küche wahrzunehmen, oder wenn er trödelt, sollen wir *handeln*, klar und sicher, ohne zu drohen und ohne Schuldgefühle. Wir werden zu *entscheiden* haben, ob wir unseren Freunden mit der Erklärung absagen, Robi habe seine Küchenpflichten nicht wahrgenommen, oder ob wir es verantworten könnten, Robi allein zurückzulassen. Auch wir haben uns auf den Sonntag zusammen mit unseren Freunden gefreut. Wollen wir durchhalten, oder wollen wir die Unart unseres Sohnes einmal mehr tolerieren, um für heute Ruhe zu haben, dagegen aber in Zukunft immer wieder davon abhängig zu sein, wie sich der kleine Tyrann entscheidet? Handeln heißt entscheiden, was *wir* wollen.

Wollen wir weiterhin zittern und zagen, predigen und drohen, um am Ende doch nach der Pfeife unseres Kindes zu tanzen? Oder wollen wir es an Eigenverantwortung und Rücksichtnahme gewöhnen?

In Konfliktsituationen zeigen überflüssige Worte kaum Erfolg, auch Drohungen nicht. Das wissen wir aus Erfahrung. Aus unseren Drohungen lernen die Kinder nicht. Aber sie lernen aus den Folgen, wenn wir sie ruhig und selbstverständlich eintreten lassen. Indem wir, statt Drohungen auszusprechen, ruhig, sicher und ohne zu tadeln die Folge ihres Verhaltens eintreten lassen, ohne daraus eine Strafe zu machen und ohne doch noch weich zu werden, bringen wir den Kindern, und auch uns selbst, Achtung entgegen. Weil wir uns von ihnen nicht beherrschen lassen, betrachten sie uns nicht als ihre Marionetten. Das Klima entspannt sich, und wir verlieren deshalb auch nicht mehr so häufig die Geduld.

11 Sollen wir unser Kind belohnen?

- »Damit mich meine Tochter in Ruhe telefonieren lässt, habe ich ihr ein Comicheft versprochen.«
- »Wenn ich Martina zum Essen rufe, stellt sie sich taub. Oft muss ich ihr die Mahlzeit über eine Stunde warm halten. Ich habe angefangen, ihr zur Belohnung ein Eis zu versprechen, wenn sie pünktlich am Tisch sitzt.«
- »Wenn meine Kinder zu Hause helfen sollen, fragen sie mich zuerst, was dabei für sie herausspringt!«
- »Wenn ich meine Hausaufgaben gut mache, bekomme ich von meinen Eltern Geld. Ich habe mir davon ein lässiges T-Shirt gekauft. Ich wünsche mir auch noch neue Inlineskates. Das geht aber etwas länger.« Das berichtete mir ein Siebenjähriger.
- »Wenn ich im Supermarkt ›brav‹ bin, darf ich mir am Kiosk etwas kaufen.«

Ich habe schon darüber gesprochen, dass wir nicht den gewünschten Erfolg erzielen, wenn wir Kinder bestrafen, denn wir erreichen damit meistens das Gegenteil: Kinder, die immer wieder, vielleicht täglich, bestraft werden, ziehen ihre Seele zurück und schließen sie ein. Sie sind unaufhörlich damit beschäftigt, sich nicht erwischen zu lassen, und sind deshalb auch um ein gesundes und beglückendes Miteinander in Familie und Freundschaft betrogen.

Fast genauso ungut ist es, Kinder immer wieder für erwünschtes Verhalten zu belohnen! Sie sind dann nämlich nicht lieb und hilfsbereit, um uns zu erfreuen, sondern um des Lohnes willen, den sie dafür erwarten.

So wie die Strafe Kinder zwingen soll, mit unerwünschtem Benehmen aufzuhören, ist die Belohnung eine Bestechung zu »besserem« Verhalten. Häufig werden Kinder einseitig zum Nehmen erzogen.

Be-Lohnung ist also Lohn für gutes Benehmen und soll die Kinder daran gewöhnen, »gut« zu sein. Doch wie kann man sich daran gewöhnen, gut zu sein, wenn man es um des Lohnes willen tut? Wenn wir unsere Kinder belohnen, in welcher Form auch immer, betrügen wir sie um die wohl schönste und beste Erfahrung, die das Menschsein ausmacht, nämlich um die Befriedigung, andere glücklich zu machen, ihnen gutzutun. Welch schlechten Dienst erweisen wir ihnen!

Als ich noch sehr klein war, gingen die Eltern jeden Sonntag frühmorgens zur Kirche. Sobald sie das Haus verlassen hatten, sprangen wir aus unseren Betten, wuschen uns, schlüpften in die Sonntagskleider und streiften darüber wieder unsere Pyjamas. Als wir die Eltern kommen hörten, huschte jedes blitzschnell in sein Bett zurück und stellte sich schlafend. Die Eltern, obwohl schon längst an unser Sonntagsritual gewöhnt, spielten mit. Sie zogen die Vorhänge zurück und riefen: »Aufstehen, Kinder!« Da schossen wir lachend aus unseren Betten, schlüpften aus unseren Pyjamas und standen fix und fertig angezogen freudestrahlend vor ihnen in der Gewissheit, ihnen eine Riesenfreude bereitet zu haben. Das anschließende Frühstück war geprägt von Sonntagsstimmung und Zufriedenheit.

Dieses Glücksgefühl hätte uns nicht so sehr erfüllen können, hätten die Eltern uns belohnt. Eine derartige Erkenntlichkeit wäre uns wohl seltsam erschienen, weil das Freudebereiten an und für sich für unsere Kinderherzen tiefste Befriedigung bedeutete.

Wenn unsere Nachbarin mit ihrer Familie nach Hause kommt, klopft sie manchmal an unser Küchenfenster und ruft uns ein paar fröhliche Worte zu. Das ist für uns ein kleines Geschenk, ein freundlicher, warmer Sonnenstrahl. Und wenn mich ihre kleine Tochter im Garten sieht, schreit sie lauthals über den Zaun:

»Heidi, ich bin da!« Und ich rufe zurück:

»Nathalie, ich bin auch da!«

Dann erzählt sie mir von ihrem Meerschweinchen und will wissen, wo unsere Katze ist.

Manchmal bringe ich ihr ein kleines Geschenk, das sie wie eine Kostbarkeit hütet. Nie aber würde ich sie belohnen, weil sie mir die abgefallenen Blüten unserer Fuchsie vom Boden aufliest und sie mir strahlend hinreicht, vor Freude umherhopsend, weil sie mir damit etwas Gutes tun konnte. Wie jammerschade wäre es, wenn ich ihre Großherzigkeit und Liebesfähigkeit mit einer Entschädigung zerstören und damit unsere Freundschaft aufs Spiel setzen würde!

Es ist ein Unterschied, ob wir unser Kind belohnen, weil es sich so schnell ausgezogen hat, oder ob wir es ganz einfach unser Glück darüber spüren lassen. Besser ist es, das Kind zwischendurch zu erfreuen – ohne auf sein gutes Verhalten von vorhin hinzuweisen – und nicht in dem Moment, wo es soeben lieb, fleißig, hilfsbereit war.

In der Familie, im Freundeskreis und unter Nachbarn will die Kunst des Gebens und Nehmens gepflegt werden. Kinder atmen dieses Klima der Wärme und Freundlichkeit ein. Ein Kind, das gelernt hat, anderen gutzutun, fühlt sich auch selbst gut. Das Bewusstsein, dazuzugehören und seinen Teil beizutragen, befriedigt zutiefst und macht einen wesentlichen Anteil unserer Lebensqualität aus. Machen wir unseren Kindern solch beglückende Erfahrungen nicht zunichte, indem wir sie daran gewöhnen, nach Belohnung zu schielen, die sie vielleicht für den Augenblick befriedigt, nicht aber auf Dauer.

So wie wir mit Belohnungen für gutes Benehmen unserer Kinder sparsam umgehen sollen, sollten wir ihnen auch keine Versprechungen abgeben, um sie uns gefügig zu machen. Sicher wollen wir nicht, dass sie nur deshalb artig sind, um anschließend die zugesicherte Belohnung einziehen zu können.

12
Der Durchbruch zu einem standhafteren Erziehungsstil

Ich möchte Ihnen erzählen, wie einige Elternpaare den Durchbruch zu einem konsequenteren Erziehungsstil und damit zu einem entspannteren Familienalltag, zu mehr Ruhe und Sicherheit, geschafft haben:

Ein Vater:

»Bisher war ich stets sehr unsicher und hatte ein ungutes Gefühl in der Magengrube, wenn ich meinem Sohn Sami Grenzen setzen musste. Ich versuchte dann, ihm in besonders strengem Ton etwa zu sagen:

›Du machst deine Schulaufgaben, bevor du weggehst!‹

Das Dumme dabei war, dass ich, noch während ich ihm meinen Befehl durchgab, auch schon wusste, dass er sich nicht daran halten würde. Und wirklich: Er schlich sich aus dem Haus, und am Abend waren die Aufgaben nicht gemacht, mit der obligatorischen faulen Ausrede natürlich. Darauf folgte die übliche Familienszene, die ich Ihnen wohl nicht zu schildern brauche.

Gestern, als sich Sami vor dem Abendessen ein Eis aus dem Kühlschrank nehmen wollte, fühlte ich plötzlich etwas Neues in mir aufsteigen: ein ganz klares und sicheres Gefühl, die innere Überzeugung: ›So nicht mehr!‹ Das ungute Gefühl im Bauch war einer ruhigen Entschlossenheit gewichen. Ich schaute ihn ruhig an und sagte in selbstverständlichem, sicherem Ton und ohne meine Stimme zu erheben:

›Sami, es gibt kein Eis vor dem Abendessen. Und ich erwarte, dass du mich künftig fragst, bevor du dir etwas aus dem Kühlschrank nimmst.‹

Verblüfft schaute mich Sami an, überlegte eine Weile und legte dann das Eis zurück.

›Und über deine Schulaufgaben werden wir uns nach dem Abendessen unterhalten.‹

Bei unserem Gespräch erklärte ich mich einverstanden, dass Sami nach der Schule eine Ruhepause benötigte, und gestand ihm eine halbe Stunde zu. Wir vereinbarten, dass er sich nach dieser halben Stunde gleich um die Schularbeiten kümmern werde.

Als Sami nach einigen Tagen aufhörte, diese Regel zu beachten, musste er während der darauffolgenden Woche seine Aufgaben erledigen, bevor er ins Freie ging. Von da an klappte es. Er hielt unsere Vereinbarung meistens ein.

Das war der Anfang zu einer wesentlich erfreulicheren Beziehung zwischen uns und unserem Sohn.«

Eine Mutter:

»Zusammen mit meiner Freundin und ihrer Familie machten wir Urlaub in einer Wohnung am Meer. Wir hatten eine gute Zeit, aber es war nicht immer einfach, in einem Haushalt mit vier Erwachsenen und fünf Kindern ›die Kurve zu kriegen‹. Eines Abends war mein kleiner Sohn Lucky so übermüdet, dass er gänzlich ausflippte. Und ich wusste, jetzt musste er einfach ins Bett. Doch meine Freundin sagte:

›Bist du noch bei Sinnen? Du kannst Lucky doch nicht ins Bett bringen, wenn alle anderen aufbleiben dürfen!‹

Ich nahm Lucky bei der Hand und ging mit ihm in sein Zimmer, half ihm beim Auskleiden, duschte ihn, brachte ihn zu Bett und hatte dabei ein schlechtes Gewissen. Er schrie wie am Spieß. Es half nicht, ihm gut zuzureden – er war zu erschöpft. Eine Weile blieb ich bei ihm sitzen. Da plötzlich fiel es mir wie Schuppen von den Augen, und ich begriff, dass es ja gar nicht böse ist, wenn ich Lucky Grenzen setze, sondern vielleicht sogar eine echte Hilfe. So sagte ich ruhig und bestimmt: ›Lucky, ich putze dir jetzt deine Nase, und dann gehe ich aus dem Zimmer.‹

Was ich dann auch tat. Sofort wurde es ruhig und er schlief gleich ein. Das war für mich, meinen Mann und auch für Lucky eine befreiende Erfahrung und der Beginn eines ganz neuen Lebensgefühls. Noch vor einigen Wochen stieg Lucky des Nachts immer wieder aus dem Bett und tyrannisierte uns damit in hohem Maße. Das ist jetzt vorbei.

Wir lassen Lucky viel Freiraum und setzen ihm klare Grenzen überall dort, wo es notwendig ist. Unser Junge ist zufriedener und ausgeglichener geworden.«

Ein Vater erzählt:

»Eines Abends setzten wir uns mit unserer Annalea ins Wohnzimmer und erklärten ihr, dass wir ihre Trödelei beim Anziehen nicht mehr akzeptieren würden.

Als das Trödeln am folgenden Morgen seinen gewohnten Lauf nahm, obwohl oder gerade weil Annalea wusste, dass sie zum Arzt musste – sie steckte noch immer im Pyjama –, packte sie meine Frau kurzerhand ins Auto, nahm ihre Kleider, Schuhe und die Haarbürste in einer Tasche mit und fuhr so mit ihr zur Praxis. Im Auto hatte sich Annalea blitzschnell angezogen, das Haar gebürstet und saß fertig ›gestylt‹ auf dem Rücksitz, als meine Frau den Wagen parkte.

Nach einigen weiteren, ähnlichen Experimenten verstand Annalea, dass sie ihre Spielchen mit uns nicht mehr treiben konnte. Wir brauchen seither weder hin- und herzudiskutieren noch zu drohen, weil wir stattdessen handeln. Es gibt immer wieder schwierigere Tage. Aber im Allgemeinen ist das Klima zu Hause von gegenseitiger Liebe und Rücksichtnahme geprägt. Es geht uns allen gut.«

Ein Elternpaar:

»Wir fanden es das Beste, uns mit unserer achtjährigen Tina erst einmal zusammenzusetzen. So erklärten wir ihr, dass wir nicht mehr gewillt seien, ihre Frechheiten zu akzeptieren, auch nicht, dass sie sich kaum an die Familienregeln hielt. Es gab ein recht langes Gespräch, bei dem sie uns klipp und klar zu verstehen gab, dass auch wir aufhören müssten, ihr so manches einmal zu erlauben und ein andermal zu verbieten. Solange sie nicht wisse, was in diesem Hause gelte und was nicht, akzeptiere sie unsere Vorhaltungen nicht. Und auch wir hätten uns im Übrigen an die Familienregeln zu halten. Zum Beispiel bekomme sie das Fernsehen eingeschränkt, während Vater kaum etwas anderes tue, als in die ›Glotze‹ zu starren. Mutter telefoniere stundenlang, und sie selbst habe kaum das Recht, einmal für zehn Minuten mit ihrer Freundin zu tratschen. Das Abendessen stehe einmal um sechs und dann wieder um neun Uhr auf dem Tisch, aber sie habe jeden Tag pünktlich um halb sechs zu Hause zu sein.

Wir mussten zugeben, dass auch wir uns nicht wirklich an die Familienregeln gehalten hatten, besprachen sie neu und revidierten sie gemeinsam. Von Tina forderten wir konsequent das Einhalten der neuen Regeln sowie einen höflicheren Umgangston.

Unsere Standhaftigkeit lohnt sich. Das Familienleben klappt seit diesem Zeitpunkt ungleich besser, nicht zuletzt, weil auch wir selbst uns an die gemeinsamen Regeln halten. Der Ton in der Familie ist freundlich und entspannt und wir glauben, dass uns Tina liebt und achtet.«

Eine Mutter:

»Solange ich unsicher war, ob die Kinder mir gehorchen würden oder nicht und wie ich wohl dastehen würde, wenn sie sich mir verweigerten, machten sie mit mir, was immer sie wollten. Sobald ich etwas anordnete oder verbot, hatte ich dieses ungute Gefühl in der Magengrube. Machtkämpfe waren an der Tagesordnung, und selbstverständlich waren es die Kinder, die sie gewannen! Als sich im Laufe des Kurses mein Selbstbewusstsein regte, wurde mir klar, dass ich so nicht mehr weitermachen würde, koste es, was es wolle.

Ich begann, mich selbst ernst zu nehmen, mir selbst zu glauben, was ich sagte, und auch zu meinen, was ich sagte.

Ich hörte auf, mit meinen Kindern faule Kompromisse auszuhandeln, von denen ich von vornherein wusste, dass sie von ihnen nicht eingehalten würden. Ich hörte auf, zu schreien und zu zetern, zu flehen und zu drohen.

Und genau von diesem Augenblick an, als ich ihnen mit ruhiger Bestimmtheit begegnete, begannen sie, mich ernst zu nehmen. Ich brauchte nur **mit innerer Ruhe und Überzeugung zu handeln**, statt mich in endlosen Predigten zu ergehen, die nichts, aber auch gar nichts fruchteten.

Seither ist unser Alltag entspannter und unsere Lebensqualität besser. Es ist wie Tag und Nacht. Wir bekommen wieder Luft und gewinnen unserem Zusammensein viel Freude ab. Wir können miteinander richtig lieb sein, und das erfüllt uns mit großem Glück.

Seit wir den Mut haben, unseren Kindern Einhalt zu gebieten, ohne uns deswegen in Schuldgefühle zu ergehen, ist das Grenzensetzen nur noch selten notwendig. Wir gewähren ihnen viel Freiraum, überall dort, wo es möglich ist. Wir respektieren und achten uns gegenseitig, bleiben miteinander im Gespräch und hören uns zu. Unsere Kinder sind vernünftiger geworden und irgendwie intelligenter, auch hilfsbereiter und ausgeglichener. Mein Gott, wie ich sie liebe!«

Solange wir dieses mulmige Gefühl im Bauch haben, diese Angst, ob die Kinder uns wohl gehorchen werden, können sie uns nicht ernst nehmen! Erst wenn wir überzeugt, sicher und ruhig sind, erst wenn wir uns selbst glauben und ernst nehmen und wirklich meinen, was wir sagen, werden auch sie uns ernst nehmen. Wir brauchen nicht zu drohen, nicht zu zetern, nicht zu schreien und uns nicht zu rechtfertigen. Nur unsere ruhige Sicherheit und Entschlossenheit zählen. Ohne sie geht es nicht!

Annaleas Mutter hat gehandelt und ihre Tochter samt Kleidern ins Auto gepackt. Wie sie uns anschließend berichtete, wurde Annalea darauf sehr nachdenklich. Beim Gutenachtkuss, so erzählte mir die Mutter, sagte Annalea: »Ich habe dich ganz fest lieb, wenn ich dich nicht ›nüsseln‹ (herausfordern) muss.« In der Folge behielt die Mutter ihre konsequente Haltung bei, und Annalea begann, sie ernst zu nehmen. Der Erziehungsalltag wurde entspannter, und das Klima in der Familie ist seither von gegenseitiger Liebe und Rücksichtnahme geprägt.

Grenzen können erlösen, wie wir es bei Lucky sehen. Erst, als die Mutter ruhig und sicher handelte – und sie tat es trotz der Einmischung ihrer Freundin –, konnte Lucky sich entspannen.

Wenn ich sage, dass wir mit innerer Überzeugung handeln sollen, meine ich nicht, dass wir aufhören dürfen, immer wieder unser eigenes Verhalten zu prüfen, es vielleicht auch mit Partner oder Freundin zu besprechen. Es empfiehlt sich, Kontakte zu anderen Elternpaaren zu pflegen, Erfahrungen auszutauschen, sich gegenseitig zu stützen und zu ermutigen.

An dem Tage, wo ich selbst aufgehört hätte, meine Beziehung zu den Kindern und mein Verhalten ihnen gegenüber infrage zu stellen, hätte ich meinen Kindergarten und auch die Elternkurse aufgegeben. Man muss sich immer wieder fragen, ob es nicht auch andere, gangbarere Wege gibt.

Hören wir nie auf, mit den Kindern im Gespräch zu bleiben, ihren Standpunkt anzuhören und zu achten. Grenzen setzen heißt nicht stur sein, und man soll nie vergessen, »in die Schuhe des Kindes zu schlüpfen« und die Sache auch von seiner Warte aus zu betrachten.

Wir können nicht Grenzen setzen, ohne unsere Kinder überall dort freizugeben, wo es gut und verantwortbar ist. Es geht auch nicht ohne gegenseitige Achtung. Dann aber werden wir erstaunt sein, wie immer seltener es erforderlich ist, ihnen Einhalt zu gebieten. Wenn Kinder uns ernst nehmen und sich von uns gehalten fühlen, werden sie vernünftige Grenzen gerne beachten.

Vielleicht ist es hilfreich, sich erst einmal mit den Kindern zusammenzusetzen, die Familienregeln neu zu besprechen (die selbstverständlich auch wir einhalten sollen), sie eventuell zu revidieren und dann mit ruhiger, sicherer Konsequenz für deren Einhaltung zu sorgen. Konsequenz nicht gegen unser Kind, nicht aus dem Zwang heraus, sich nun endlich einmal durchsetzen zu müssen, sondern ruhig und überzeugt, zum Wohle unseres Kindes und unserer selbst.

Von Herzen wünsche ich Ihnen, liebe Leserin und lieber Leser, diesen mutigen und tapferen Durchbruch zu einem wesentlich glücklicheren und entspannteren Erziehungsalltag!

13
Das Trotzalter

Eine Schlange vor der Kasse und wir mittendrin. Wir haben in der Gemüseabteilung noch ein wenig mit der Nachbarin geplaudert. Unser Zweieinhalbjähriger ist müde, und er langweilt sich. Er greift nach einem Schokoladenriegel, der aus verkaufspsychologischen Gründen und natürlich »den Kindern zuliebe« genau vor der Kasse liegt, und wir versuchen, ihn ihm zu entwinden. Mit wütendem Gebrüll wirft er sich flach auf den Boden. Vergeblich versuchen wir, ihn in den Einkaufswagen zu setzen. Unwillige Blicke, Kopfschütteln ringsum! Am besten, wir schauen starr geradeaus. Irritiertes Gesicht der Dame an der Kasse. Und endlich, endlich erreichen wir den Ausgang, schweißnass und erschöpft ...

In Büchern haben wir gelesen, die Trotzphase unseres Kindes sei ein Reifungsprozess, und eigentlich sind wir ja dankbar und stolz, dass er sich bemerkbar macht, dieser unumgängliche Entwicklungsschritt unseres Sprösslings. Nur: Leicht ist diese Zeit gewiss nicht, weder für uns noch für unser Kind!

Schlüpfen wir für eine kurze Weile in die Haut eines Kindes in der Trotzphase. Während dieser Zeit beginnt es, sich und seinen eigenen Willen zu entdecken. Dabei kann es den Willen und die Wünsche des anderen noch nicht nachvollziehen. Und wenn es damit kollidiert, fällt es ihm unendlich schwer, sich ihm anzupassen oder gar unterzuordnen. »Wie kann es denn sein, dass meine Mutter etwas so ganz anderes will als ich?« Das ist ihm völlig unbegreiflich. Es reagiert zutiefst unglücklich, mit hilfloser Wut und Verzweiflung. Und es kommt zum Kräftemessen, zum erbitterten Aufstand.

Wir sind heilfroh, wenn wir einen solchen Konflikt aufzufangen vermögen. Doch manchmal stehen wir verzweifelt vor diesem kleinen Menschen. Wenn wir nämlich um des guten Friedens willen jedem seiner Wünsche nachgeben, wird er unsere Schwäche sehr bald zu seinem Vorteil nutzen und seine Wut als Mittel brauchen, seinen Willen durchzusetzen!

Es gibt Wege, dem Kind – und auch uns – seine Trotzphase erträglicher zu machen:

Nicht die Wut unseres Kindes belächeln

Wir dürfen die Wut unseres Kindes nicht belächeln, denn damit würden wir es verletzen. Vielmehr braucht es unsere Hilfe, um besser damit zurechtzukommen. Nicht immer können wir ihm den Ärger ersparen, denn wir wollen ja nicht zulassen, dass es auf die viel befahrene Straße springt oder das Marmeladenbrot auf den Teppich schmiert.

> Wenn wir unser Kind in seiner Auflehnung nicht ernst nehmen, uns darüber lustig machen oder es dafür bestrafen, fühlt es sich von uns im Stich gelassen. Seine hilflose Wut wird eskalieren und ihm, und auch uns, unerträglich werden.

Eine Mutter sagte zu ihrer dreijährigen tobenden Tochter:
»Schau mal in den Spiegel, wie du aussiehst, wenn du wütend bist!«

Ein Vater:
»Manchmal muss ich lachen, wenn mein Sohn so richtig aufdreht. Kleine Kinder realisieren es doch noch gar nicht, wenn man sie

belächelt. Es sieht manchmal gar ulkig aus, wenn der kleine Bengel vor Wut schnaubt wie ein wildes Pferd.«

Und ob er es merkt! Zu Recht ist er verletzt und zornig auf seinen wenig einfühlsamen Vater.

Wie ist es uns selbst letzte Woche ergangen, als wir jene Riesenwut im Bauch hatten? Stellen wir uns vor, dass wir damit zu unserem Freund oder unserer Freundin gegangen wären in der Hoffnung, dort ein wenig Verständnis zu finden. Und diese/r hätte schmunzelnd zu uns gesagt: »So schlimm kann es ja nicht sein! Vergiss es doch einfach! Weißt du übrigens, wie ›fotogen‹ du aussiehst, wenn du wütend bist?«

Die Auflehnung unseres Kindes an und für sich sollen wir weder bagatellisieren noch dramatisieren und es auch nicht dafür tadeln oder gar bestrafen.

Doch trotz unseres Verständnisses für seine Wut sollten wir seinem Willen nicht stattgeben, wenn es ihn zornig zu erzwingen sucht. Lassen wir es in seiner Auflehnung nicht allein, schicken wir es nicht weg, etwa mit der Bemerkung: »Stell dich nicht so an! Geh in dein Zimmer, bis du wieder normal bist!« Wenn wir ruhig, verständnisvoll und unaufdringlich in seiner Nähe bleiben, helfen wir ihm, sich bald wieder aufzufangen.

Die Gefühle des Kindes zurückmelden

Es ist nun wirklich an der Zeit, die zweijährige Mona zu Bett zu bringen. Sie tobt und schreit. Monas Zorn an und für sich ist ja nicht böse, nicht ungezogen. Die Mutter weiß das. Sie nimmt Mona in die Arme und drückt sie fest an sich, um sie zu trösten. Doch zu ihrer Verwunderung bringt das Mona nur noch mehr auf die Palme. Sie schlägt wild um sich und braucht lange, bis sie sich von ihrer Wut erholt hat.

Weshalb will Mona nicht in die Arme genommen werden? Weil sie jetzt wütend sein *will*, weil sie erst einmal diesem übermächtigen Gefühl freien Lauf lassen muss. Sie kann es jetzt nicht brauchen, in irgendeiner Form eingeengt zu werden.

Wenn Sie einmal so richtig in Wut geraten und jemand Sie genau in diesem Augenblick ganz fest an sich drückt in der gut gemeinten Absicht, Sie liebevoll zu trösten, dann werden Sie die Person wahrscheinlich mehr oder weniger energisch wegstoßen, denn Sie könnten jetzt aus der Haut fahren, könnten explodieren und wollen alles andere als eingeengt werden, auch nicht von liebevollen Armen. Was Sie jetzt brauchen, sind Verständnis und ein Gegenüber, das einfach da ist, Ihnen zuhört und Sie ernst nimmt. Wenn sich die Aufregung dann etwas gelegt hat und man sich verstanden fühlt, ist es für manche vielleicht gut und beruhigend, ein bisschen festgehalten oder gestreichelt zu werden. Weshalb sollte es einem Kind, besonders im Trotzalter, anders ergehen? In seinem Zorn tut es ihm wohl, wenn wir als »Waiter« ganz ohne Aufhebens ruhig in seiner Nähe bleiben. Und es hilft ihm, wenn wir ihm mit ein paar wenigen, ruhigen Worten bestätigen, dass wir seine Gefühle verstehen (siehe auch Kapitel 15: »Wie man hilfreich zuhört«).

Der Vater kommt zum zweijährigen Noah an den Sandkasten:

»Noah, wir müssen essen gehen.«

Noah reagiert nicht. Sein Vater wartet noch eine Weile. Dann nimmt er seinen Sohn bei der Hand und sagt:

»Jetzt ist es aber wirklich Zeit!«

Noah sperrt sich, wirft sich auf den Boden und schreit. Der Vater hebt ihn hoch und geht mit ihm ins Haus:

»Ja, Noah, es ist gar nicht schön, wenn man nach Hause muss und doch viel lieber noch im Sand spielen will. Das kann einen ganz schön ärgern«, sagt er ruhig.

Selbstverständlich *muss* Noah nach Hause kommen. Doch weil der Vater ihm zu verstehen gibt, dass er seine Wut wahrnimmt und achtet, fühlt sich der Junge verstanden, und sein Zorn wird recht schnell verfliegen. Eine derartige Rückmeldung kann Wunder wirken und einen Konflikt weitgehend entschärfen. Es hilft tatsächlich sehr, wenn man den Ärger des Kindes kurz und ruhig in Worte fasst. Denn mit unserem Verständnis kann es seine Auflehnung leichter bewältigen.

Es wäre unklug, Noah für seine Wut zu tadeln. Denn sie kommt ungeheißen und ungewollt, und Noah muss lernen, damit umzugehen. Dazu braucht er unsere Hilfe.

Die zweijährige Linda hat die Schere genommen und springt damit im Wohnzimmer umher. Ihre Mutter nimmt die Schere an sich.

»Die ist spitz. Das tut weh.«

Linda reagiert mit einem Wutausbruch und wälzt sich auf dem Boden. »Das macht wütend, wenn man die Schere nicht haben kann«, sagt die Mutter und legt sie in die Schublade zurück. Ruhig, freundlich und ohne viel Aufhebens bleibt sie in der Nähe ihres Kindes, bis seine Wut abgeklungen ist. Als Linda sich beruhigt hat, umarmt sie ihre Mutter, und sie beteuern sich gegenseitig, wie lieb sie sich haben.

Lindas Zorn wurde weder bagatellisiert noch getadelt. Er durfte hochkommen. Die Mutter hat ihn ernst genommen, ihm aber nicht nachgegeben und hat das gefährliche Objekt weggeräumt. Weil sich Linda ernst genommen und geliebt fühlt, war ihre Welt bald wieder in Ordnung.

Eine Mutter hat meinen Hinweis ernst genommen, dass man dem Kind seine Gefühle der Auflehnung und Wut verständnisvoll zurückmelden sollte:

»Jetzt ist die Mona ganz fest wütend, dass sie zu Bett muss!«, sagt sie allzu lieb lächelnd zu ihrer knapp Dreijährigen. Mona hört augenblicklich zu schreien auf und wendet sich zufrieden wieder ihrem Spiel zu, reagiert deshalb überrascht und ärgerlich, als die Mutter sie aufhebt und ins Bett bringen will. Mona macht einen Riesenterror, und bis um elf Uhr kommt sie immer wieder aus dem Zimmer heraus. Die Mutter ist ratlos.

Was ist geschehen? Die Mutter hat für ihre Rückmeldung einen allzu nachsichtigen Ton angenommen und damit unbeabsichtigt ihr Kind darin bestätigt, noch aufbleiben zu dürfen. Zu Recht fühlte sich das Mädchen betrogen, als sie dann doch zu Bett musste. Also: Aufgepasst mit allzu liebenswürdigen Rückmeldungen oder auch mit falschen Signalen! Trotz all unseres Verständnisses für die Lage des Kindes soll unsere Haltung klar, unmissverständlich und bestimmt sein.

Das Kind in den Alltag einbeziehen und mitentscheiden lassen

Kinder lieben es, in den Alltag mit einbezogen zu werden. Besonders Kinder im Trotzalter sind beruhigt, wenn wir sie informieren, was als Nächstes geschieht, zum Beispiel dass wir bald einkaufen gehen werden, dass wir nach dem Frühstück zum Arzt müssen, oder dass nach dem Mittagsschlaf die Oma zu Besuch kommt. Auf diese Weise können sie sich rechtzeitig auf das Kommende einstellen und werden sich weniger ereifern, wenn es dann eintritt.

Der Gang zum Supermarkt muss nicht zum Albtraum werden, wenn man auch hier das Kind mit einbezieht und es mitentscheiden lässt.

»Im Supermarkt bringt mir meine 2 ¼ Jahre alte Tochter die Karotten und die Kartoffeln. Sie kennt genau das Rasierwasser ihres Vaters. Und wenn ich sie ein wenig hochhebe, kann sie das Katzenfutter erreichen. Sie bestimmt mit, welchen Salat wir heute auf den Tisch bringen, und packt ihn in den Einkaufswagen.

Damit Sarah sich nicht langweilt, vermeide ich beim Einkaufen den ›Schwatz‹ mit der Nachbarin. Sonst müsste ich mich nicht wundern, wenn sie auf dumme Gedanken käme. Im Laden kaufe ich ihr nie Süßes, doch bekommt sie, bevor wir einkaufen gehen, traditionsgemäß den heiß geliebten Schokoriegel mit Brot. Das gehört bei uns zum Einkaufsritual, an das sie sich gewöhnt hat. Sie kommt deshalb auch nie auf die Idee, im Laden nach Süßem zu verlangen.

Sarah und ich gehen gerne einkaufen. Wir sind uns dabei nahe, weil wir gemeinsam etwas Sinnvolles tun. Zu Hause hilft sie mir dann beim Zubereiten des Mittagessens, schält eine Karotte so eifrig, bis nichts mehr davon übrig bleibt, und berichtet ihrem Vater stolz, sie habe eingekauft und den Salat zubereitet.«

Oft können wir unsere Kleinsten nach ihrer Meinung fragen, statt im Alleingang zu entscheiden:

»Was meinst du, wollen wir heute Spaghetti oder Kartoffelbrei kochen? Hilfst du mir dabei?«

»Ist dir heute nach den blauen oder nach den roten Jeans?«
»Den roten.«
»Da frage ich mich wirklich, welche Socken besser passen. Was meinst du?«

»Ich überlege gerade, welche Geschichte ich euch erzählen soll, wenn ihr im Bett seid.«
»Vom Ja-ja-nein-Bärchen!«
»Als es die Suppe nicht essen wollte?«
»Als es das Du-du-blö-Bärchen stieß!«
»Bist auch du einverstanden, Judy?«
»Ja, und als es nicht nach Hause wollte!«

»Gut. Ich denke, wenn ihr ausgezogen seid, wollt ihr noch ein wenig spielen, bis der Küchenwecker sagt, es ist Schlafenszeit. Dann erzähle ich euch die Geschichten vom ›Ja-ja-nein-Bärchen‹ und vom ›Du-du-blö-Bärchen‹!«

Das Kind in den Alltag einzubeziehen gibt ihm die Gewissheit, dazuzugehören, gebraucht und ernst genommen zu werden. Dabei ist es von großer Bedeutung, dass wir auch schon dem kleinsten Kind so viel Selbstständigkeit und Freiheit gewähren, wie wir es verantworten können, und dass wir ihm auch sinnvolle Beschäftigungsmöglichkeiten zur Verfügung stellen.
Denken wir daran, dass ein Kind nicht nur spielen will, es will auch schaffen. Im Haushalt soll es nicht nur tun dürfen, als ob es koche, putze und wasche, sondern es soll ganz richtig helfen dürfen, überall dort, wo es seinem Alter entsprechend möglich und ungefährlich ist.

Sicher, es ist für uns manchmal weniger bequem, ihm eine Karotte mit einem Schäler zu überlassen anstelle einer leeren Pfanne mit einem Schneebesen.

Doch wir werden staunen, wie sehr sich unsere kleine Mühe lohnt! Denn ein sinnvoll beschäftigtes Kind ist zufrieden.

Manche Situation ist leichter zu umschiffen, wenn wir sie spielerisch angehen

Dem Widerstand des Kindes im Trotzalter kann man recht gut vorbeugen, indem man versucht, die Hürden des Alltags etwas spielerischer zu nehmen, den Kindern und sich selbst zuliebe.

Eine Mutter schildert uns ihr Ankleidespiel:

»Vom Kinderzimmer durch den Gang und bis in die Küche liegen der Reihe nach die Kleidungsstücke meiner knapp dreijährigen Tochter. Die Höschen, die Socken, dann das Hemdchen usw. Schön der Reihe nach schlüpft sie hinein. Im Badezimmer wird dann die kleine Toilette gemacht, und dann geht der Parcours weiter bis in die Küche zum Frühstück. Wir spielen mit ihr dieses Spiel und haben dafür unseren Frieden.

Wenn es langweilig wird, denken wir uns ein neues Spiel aus. Das braucht ein wenig Fantasie, aber ungleich weniger Nerven als das obligatorische Gezeter ums Anziehen.«

Ein Vater, dem das Amt des Zähneputzens obliegt, macht es mit seinem Zweijährigen so:

»Wir machen eine Reise durch den Mund. Jeder Zahn hat einen Namen und seine Eigenheiten. Einer heißt Pitz und beißt gerne Spaghetti. Weil die Zahnbürste ihn kitzelt, muss er lachen. Sein Nachbar heißt Schlupp. Der hänselt den Pitz, und manchmal kämpfen sie miteinander. Und die Lolo ganz hinten schaut zu und sagt dann alles der Mami ... usw.«

Man kann sich eine ganze Reihe solcher Spiele ausdenken. Meistens ergeben sie sich ganz spontan, wenn man versucht, locker auf die Kinder einzugehen.

Ein Vater:

»Es ist unrealistisch, zu glauben, man müsse mit den Kindern aus allem und jedem ein Spielchen machen. Ich bin nicht Clown von Beruf.

Und im Alltag gibt es so viele Situationen, da müssen unsere Kinder ganz einfach durch, und zwar ohne dieses Getue und ohne viel Federlesens. Wir haben einen anstrengenden Tag hinter uns, und es steht uns noch das Vergnügen bevor, die Rasselbande ins Bett zu bringen. Nein, da ist uns nicht nach ›kasperln‹ zumute!

Da haben wir nur den einen Wunsch: Endlich etwas Ruhe und Entspannung, etwas Zeit für uns selbst!«

Einverstanden! Es ist nicht möglich und auch nicht empfehlenswert, aus jeder Angelegenheit gleich eine Zirkusnummer zu machen. Denn die Kinder sollen auch erfahren, dass es Situationen gibt, die einem nicht gefallen und durch die man trotzdem hindurchmuss. Anderseits erlebe ich immer wieder Eltern, die die beneidenswerte Gabe besitzen, dem Alltag ein Stück Leichtigkeit abzugewinnen. Es ist eine Tatsache, dass uns die alltägliche Routine lockerer und nervenschonender von der Hand geht und dass auch wir Großen unseren Spaß daran haben können, wenn wir sie mit etwas Humor, Fantasie und Pfiff nehmen.

An dieser Stelle möchte ich noch kurz auf die täglichen Rituale zu sprechen kommen, die uns das Zusammenleben mit unseren Kindern erheblich erleichtern. Kinder brauchen Rituale, weil sie Sicherheit, Struktur und Regelmäßigkeit in ihren Tagesablauf bringen. Es gibt das Aufstehritual, das Einkaufritual, das Kochritual, das Essritual, das Schlafritual, das Zähneputzritual und viele mehr. Rituale gehören zum Alltag. Pflegen wir sie, um den Kindern und uns den Tag aufzulockern, ihn leichter und bunter zu machen.

14
Die Angst unserer Kinder

Ich erinnere mich sehr wohl an manche Ängste, die ich in meiner eigenen Kindheit durchgestanden hatte. Meine Mutter konnte uns schaurig-schöne Märchen erzählen, dass uns das Grauen packte. In der Nacht wurde mir dann mein geliebter Freund, der übergroße Teddybär draußen im breiten Flur, zum Schreckgespenst. Wenn ich an ihm vorbei durch den dunklen Gang zur Toilette sollte, nahm ich Anlauf und raste an ihm vorbei. Erst zurück in meinem warmen Bett fühlte ich mich wieder sicher und geborgen. Auch wenn die Sonne am folgenden Morgen ihre Strahlen ins Zimmer schickte und ich mir vornahm, in der Nacht keine Angst mehr zu haben, es nützte nichts. Wenn es draußen dunkel wurde, packte sie mich erneut.

Angst hat viele Gesichter. Sie gehört zum Leben, und niemand ist frei davon, auch wir Erwachsenen nicht. Sie begleitet uns täglich und ist uns Warnsignal, wenn Gefahr droht. Sie kann uns aber auch unnötigerweise quälen, wie wir es im Beispiel oben sehen.

Viele verdrängen ganz schnell ihre Angst, um sich nicht mit ihr befassen zu müssen. Doch dummerweise stellt sie sich in ähnlichen Situationen immer neu ein.

Weil sich Kinder mit dem Thema Tod häufiger und intensiver auseinandersetzen, als wir annehmen, möchte ich Ihnen von Sam erzählen:

Sams Großmutter ist vor einigen Monaten gestorben, und kurz darauf ist auch noch seine Katze überfahren worden. Das Thema

Tod ist bei ihm deshalb hochaktuell. Gerne möchte er mit seinen Eltern darüber sprechen. Es ist so viel Angst in ihm und so viele Fragen, die unbeantwortet bleiben. Vor allem packt ihn das Grauen, wenn er daran denkt, dass seine Eltern sterben könnten. Dann wäre er ganz allein auf der Welt. Was würde er ohne Mutter und Vater tun?

Die Eltern tun sich schwer mit Sams Kummer, denn sie haben selbst Mühe, sich mit dem Thema Tod auseinanderzusetzen. So raten sie Sam, am besten nicht mehr daran zu denken. Es gehe der Großmutter gut und der Katze auch, und beide seien im Himmel. So bleibt er sich selbst überlassen mit diesem Druck, der auf seiner Seele lastet. Nicht an den Tod zu denken, wie die Eltern sagen, das funktioniert nicht.

Im Kindergarten wirkt Sam bedrückt und passiv. Er zeichnet viel und spricht auch gerne über seine Bilder, deren Aussagen sich immer wieder ums Sterben drehen. Nach einem Gespräch mit den Eltern sehen sie ein, dass sie ihren Sohn in seiner Not, die sie bis heute nicht so ganz wahrgenommen haben, nicht alleinlassen dürfen.

Seither setzen sie sich jeden Abend an sein Bett, bleiben einfach da und warten, was kommt, hören geduldig zu. Manchmal will er nicht sprechen. Auch das ist gut. Dann genießen sie einfach das Zusammensein. Manchmal beginnt der Vater ganz unbefangen von sich selbst zu erzählen, wovor er selbst als Junge Angst hatte. Das öffnet allmählich Sams Herz, und er beginnt, von der Omi zu erzählen, vom Omi-Tee, den sie immer für ihn gebraut hatte, und wie himmlisch er schmeckte. Er spricht auch von der Katze, wie sie am Straßenrand lag, unbeweglich, lang gezogen, starr, blutverschmiert. Dass er sie rief, und sie nicht wach werden wollte und nicht wie sonst um seine Beine strich. Dass er es nicht wagte, sie zu berühren.

Vorsichtig beginnt er, vom Tod zu sprechen. Er fragt, wie es sei, wenn man tot ist, und ob Omi dem Sterben nicht einfach hätte Einhalt gebieten könne. Wo sie sich jetzt befinde. Ob sie beim

Großvater sei und ob sie dort eine Küche habe. Ob es einen Himmel gebe für seine Katze und ob sie dort zu fressen bekomme.

Nicht auf jede Frage wissen die Eltern eine Antwort. Doch ihre Zuwendung und die Offenheit für Sams Gefühle und Gedanken lassen sein Herz leichter werden. Bei besonders schwierigen Fragen, die die Eltern verunsichern, fragen sie manchmal zurück: »Wie stellst du dir das denn vor, Sam?« Dann lässt er seiner Fantasie – zum Beispiel ob es im Himmel eine Küche gebe – freien Lauf, und das tut ihm gut.

Nach einigen Wochen nehme ich auch im Kindergarten eine Veränderung wahr. Es geht Sam besser. Er wendet sich vermehrt seinen Kameraden zu und spielt mit ihnen.

Seine Eltern berichten mir nach einigen Wochen, das Thema »Tod« sei für Sam inzwischen erschöpft. Er habe es bewältigt und erzähle jetzt viel vom Kindergarten.

Kindliche Angst zu belächeln und zu bagatellisieren würde sie nur noch verstärken. Es geht darum, sie wahrzunehmen und zusammen mit unserem Kind zu betrachten. Wenn Kinder Angst haben, sollen wir ihnen zuhören, nicht einmal, sondern immer wieder, bis sie langsam ihren Schrecken verliert. Denn es wäre ein Trugschluss zu denken, kindlicher Angst, wenn sie tief sitzt, könne man mit einem einzigen Gespräch beikommen.

Es gibt im Leben auch bei uns Erwachsenen viele Situationen, durch die wir einfach hindurchmüssen. Auch wir fürchten uns manchmal und möchten am liebsten weglaufen. Doch wir wissen, dass Angst nicht immer ein guter Ratgeber ist und dass wir standhalten müssen. So auch das Kind. Wenn es Angst hat, sollten wir ruhig bleiben. Dort, wo wir ihm zumuten können, das »Hindernis« mit unserer Hilfe zu überwinden, unterstützen wir es liebevoll dabei. Es gilt, es gleichsam bei der Hand zu nehmen und verständnisvoll hindurchzubegleiten, vielleicht nur einen Schritt zuerst, nächstes Mal noch einen, indem wir mit unserer Ruhe und Zuversicht Vertrauen in seine Seele hinüberfließen lassen. Nie dürfen wir das Kind demütigen, wenn es noch nicht wagt, die »Hürde« vollständig zu nehmen.

Der Schularzt hat sich angemeldet. Fabiola hat Panik, weil sie denkt, er werde ihr eine Spritze verpassen. Schon am Vortag stellt sie sich krank und weigert sich, in den Kindergarten zu gehen.

Unser kleiner Schulausflug steht bevor. Paolo hat eine ungeheure Angst vor neuen Situationen, und er sagt seinen Eltern, er gehe nicht mit. Seine Angst vor dem Ausflug ist so groß, dass er schon drei Tage vorher im Schlaf aufschrickt. »Auf gar keinen Fall gehe ich mit!«, beteuert er immer wieder.

Wenn wir das Kind über den Gegenstand seiner Angst informieren, kann es sie meist besser bewältigen. So war es ein Leichtes, Fabiola zu beruhigen. Wir brauchten sie nur über den Zweck des Arztbesuches aufzuklären und dass er nicht zu uns komme, um Spritzen zu geben. Sie kam dann bereitwillig in den Kindergarten und machte bei den verschiedenen Tests interessiert mit.

Paolos Eltern gaben ihrem Sohn zu verstehen, dass er am Ausflug teilnehmen müsse. Seine Fragen und Unsicherheiten besprachen sie mit ihm und unterrichteten mich über seine Angst. Ich informierte die Kinder in allen Einzelheiten über das Ziel des Ausfluges, dass es dort eine Toilette gibt, dass wir Feuer machen, am Bach picknicken und am Ende des Ausfluges in den Kindergarten zu den wartenden Eltern zurückgehen würden.

Während des Ausfluges behielt ich Paolo im Auge, und er durfte beim Feueranfachen und beim Verteilen der Getränke mithelfen. Abends erzählte er seinen Eltern voller Begeisterung und mit berechtigtem Stolz von diesem unvergesslichen Tag. Denn er hatte die »Hürde« tapfer genommen. Hätten wir ihn seiner Angst wegen von der Reise verschont, hätte er sie nicht zu überwinden vermocht und wäre außerdem um ein unvergessliches Erlebnis betrogen gewesen.

Gerda, fünfjährig, wollte sich nicht an der Gymnastik beteiligen. Sie weigerte sich, ihren Pullover auszuziehen, und war nicht dazu zu bewegen, die Turnhalle zu betreten, nicht einmal, um zuzusehen. Sie wollte nicht mit der Sprache herausrücken, weshalb sie einen derartigen Horror vor der Gymnastikstunde hatte. Ihre Eltern waren mit mir einig, dass sie mitkommen müsse, dass wir sie aber nicht zum Mitmachen nötigen würden. Das erste Mal beobachtete sie uns durch den Glaseinsatz in der Tür. Sie sah zu, was wir machten, und lachte auf, wenn es lustig zuging. Allmählich entschloss sie sich, in die Halle hineinzukommen, weigerte sich aber standhaft, mitzumachen. Ihre Mutter berichtete mir einmal ganz nebenbei, Gerda habe eine hässliche Operationsnarbe am Arm.

Hat diese Narbe möglicherweise einen Zusammenhang mit ihrer Weigerung, mitzuturnen?, dachte ich. Schämte sie sich vielleicht? Hatte sie Angst, von den Kindern ausgelacht zu werden? War das der Grund, dass sie sich kürzlich weigerte, ihre Jacke auszuziehen?

Weil uns der Verkehrspolizist bald besuchen wollte, hatten wir im Kindergarten das Thema »Straßenverkehr«. Bei dieser Gelegenheit erzählte ich von einem Verkehrsunfall, den ein Kind vor einem Jahr erlitten hatte. Darauf ergab sich eine angeregte Diskussion, der Gerda gebannt folgte. Lucien zeigte uns seine Narbe am Bein. Sie kam ganz nahe an ihn heran und stellte ihm Fragen. Ich konnte es kaum glauben: In der folgenden Gymnastikstunde zog sich Gerda um und machte eifrig mit. Luciens Offenheit und seine bereitwilligen Antworten auf ihre Fragen nahmen Gerda die Angst. Ihre Befürchtung, ausgelacht zu werden, wurde gegenstandslos.

Ein Ungeheuer unterm Bett oder der Teddybär im Flur, der in der Nacht lebendig wird, lässt sich nicht so leicht wegdiskutieren, denn kleine Kinder leben noch in ihrer eigenen Wirklichkeit, in ihrer magischen Welt. Gerne nehmen sie dann Zuflucht zu Bannsprüchen und Ritualen, die ihnen helfen, ihre Angst zu bewältigen.

Gegen die nächtliche Angst vor Hexen, Geistern und bösen Tieren hatte ein Vater eine Idee: Er sah ein, dass es wenig brachte, in Schränken und unter dem Bett nach dem bösen Krokodil zu suchen, da es in der Fantasie seiner Tochter Beate trotzdem weiterexistierte. Da erfand er ein Ritual. Jeden Abend stellte er zusammen mit Beate ein Stoppschild für Krokodile und anderes Getier vor ihrem Bett auf, und sie sprachen dazu den Bannspruch, den sie sich ausgedacht hatten. Nach einigen Wochen fand sie es nicht mehr notwendig, das Schild aufzustellen. Es blieb aber zu ihrer Beruhigung für alle Fälle noch neben dem Schrank stehen.

Niemals dürfen wir Angst als Druckmittel missbrauchen. Immer noch gibt es Eltern und Großeltern, die ihren Kindern mit der bösen Hexe, mit dem Zahnarzt, dem Doktor oder gar dem lieben Gott drohen, um sie gefügig zu machen. Das ist äußerst unfair und bringt auch kaum den gewünschten Erfolg.

Kann ein Kind eine tief sitzende Angst trotz unserer liebevollen und geduldigen Zuwendung über längere Zeit nicht überwinden, oder verstärkt sie sich sogar, sollten wir uns nicht scheuen, fachliche Hilfe zu beanspruchen.

15
Wie man hilfreich zuhört

Als dreijähriges Mädchen hatte ich einen Unfall und musste für lange Zeit ins Krankenhaus. Damals durften sich Eltern noch nicht bei ihren Kindern im Spital aufhalten.

Einmal stellten zwei Schwestern eine kleine, weiße Badewanne neben mein Bett. Als sie mich hineinheben wollten, sah ich, dass das Wasser violett war, und erschrak zu Tode. In Angst und Panik schrie ich, was das Zeug hielt.

»Das tut weh!«, brüllte ich. »Nein, nein, nein!«

Ohne sich um meine grenzenlose Angst zu kümmern, tauchten mich die beiden Frauen ins Wasser und tauschten dabei Erlebnisse aus ihrem persönlichen Alltag aus.

Und dann blieben das erwartete Brennen, der erwartete Schmerz aus. Es tat überhaupt nicht weh! Kein bisschen! Und da schämte ich mich ganz entsetzlich! Ich hatte ein Riesengeschrei inszeniert, grundlos, einfach für die Katz, so dachte ich. An dieses beschämende Gefühl kann ich mich erinnern, als wäre es gestern gewesen. Und da brüllte ich weiter, in der gleichen Lautstärke, aus Scham, Wut und Auflehnung! Aber auch, um nicht das Gesicht zu verlieren, um nicht zugeben zu müssen, dass ich mich geirrt hatte. Ich schrie noch immer, als ich bereits wieder im Bett lag, und hörte erst auf, nachdem die Schwestern das Zimmer verlassen hatten.

Viele Jahre später erst kam ich hinter den eigentlichen Grund meiner übergroßen Wut von damals: Hätte mir nur eine der beiden Schwestern ein kleines, gütiges und verständnisvolles Wort geschenkt, um mir meine entsetzliche Angst erträglicher zu machen, vielleicht so etwas wie:

»Das Wasser macht dir Angst, nicht wahr, Heidi?«

Und ich hätte gesagt:

»Ich will da nicht hinein!«

»Du denkst, das tut dir weh?«

»Jaa-a-a!«

Sie hätte mich vielleicht auf ihre Knie gesetzt, sich ein klein wenig Zeit genommen und gewartet, bis ich mich etwas beruhigt hätte, hätte mir erklärt, dass das Wasser nicht wehtut und dass ich zuerst mal versuchsweise den Zeigefinger eintauchen soll. Dann wäre wohl in meiner gepeinigten Seele ein Stück Vertrauen in die Schwestern, in diese grässliche Soße da in der Wanne, ins Krankenhaus aufgekeimt. Freilich, ich musste da durch, musste dieses Bad nehmen, das war klar. Aber es war nicht gleichgültig, auf welche Weise. Mit ein klein wenig Verständnis und Zuwendung der beiden Schwestern wäre mir diese Prozedur nicht zur Qual geworden. Ich hätte mich von diesem Tag an wohl jedes Mal auf ihr Kommen gefreut – ein Lichtblick in diesem für mich so entsetzlichen Krankenhausalltag. Er wäre erträglicher geworden.

Ich weiß noch ganz genau, wie sehr ich diese beiden Frauen hasste, weil sie mich in meiner Not im Stich gelassen, mich dem Gefühl tiefster Verlassenheit ausgeliefert hatten. Und ohne damals, im Alter von drei Jahren, diese Zusammenhänge erkannt zu haben, spürte ich in meinem Herzen doch ganz genau die Gewalt und die Demütigung, die sie mir angetan hatten.

Ein Kind kann durch manche Härten, durch manch schwierige Situationen und Lebenslagen unbeschadet hindurchgehen, wenn es dabei mit dem Herzen eines liebenden Menschen gehalten und begleitet wird, wenn es seinen Schmerz und seine Angst mitteilen darf und dabei verstanden und ernst genommen wird.

Es verliert die schwerste Bürde die Hälfte ihres Druckes, wenn man von ihr reden kann. (Jeremias Gotthelf)

Wir können alles für unser Kind tun: Wir können bestens für sein leibliches Wohl sorgen, ihm exklusive Kleider, Markenturnschuhe und teure Spielsachen kaufen. Wir können es verwöhnen, ihm jeden Wunsch von den Augen ablesen. Doch wenn wir kein offenes Herz, keine offenen Ohren und kein Verständnis für die Regungen seiner Seele haben, erleidet es Schaden.

Im Alltagstrott leben wir so leicht an unseren Kindern vorbei! Abertausende werden täglich mit ihren Gefühlen und Gedanken, mit ihren Freuden und Leiden, alleingelassen. Das ist leider keine Übertreibung.

Und damit komme ich zum größten und innigsten Anliegen meines Buches, dem Zuhören.

Es ist nicht egal, wie wir zuhören

Ob liebevoll, oberflächlich, engagiert, unbeteiligt oder gar nicht …

In den Kursen frage ich die Eltern, was sie selbst unter »Zuhören« verstünden und wie sie wünschten, dass man ihnen zuhört.

Ich möchte, …

- »dass man sich mir zuwendet, mich anschaut und Interesse zeigt.«

- »dass mein Mann die Zeitung weglegt, wenn ich ihm von meinem Tag erzähle.«
- »dass mich mein Freund nicht belächelt und meinen ›Frust‹ nicht bagatellisiert.«
- »dass mir meine Mutter nicht immer gleich Ratschläge erteilt.«
- »dass ich ein verständnisvolles Echo bekomme.«
- »dass sich der andere mit meinen Mitteilungen befasst und nicht gleich von sich selbst erzählt oder vom Thema abschweift.«

Wenn …

- »meine Frau mir andauernd ins Wort fällt, verliere ich die Lust am Erzählen und bin dann eben still.«
- »man mir sein Mitleid kundtut, bemitleide ich mich selbst, und dann geht es mir hundeelend!«
- »mein Mann alles besser weiß, macht er es nur noch schlimmer!«
- »ich mich mitteile, mag ich nicht, dass man moralisiert oder mich kritisiert.«
- »ich von einem guten Erlebnis erzähle, ist es für mich doppelt so schön, wenn man die Freude mit mir teilt.«

Einige Beispiele des Zuhörens aus unserer Erwachsenenwelt:
Zwei Kolleginnen:

A: »Ich hatte heute einen schlechten Tag. Mein Chef hatte eine Laune, dass einem …«

B: »Ja, meiner auch, und das nur, weil ich vergessen hatte, ihm den Anruf seiner Frau auszurichten!«

A: »Nur genörgelt hat er den ganzen Tag! Ich bin richtig sauer. Morgen melde ich mich krank!«

B: »Ja, es machte mich auch ganz krank, als meiner mich so schlecht behandelte!«

A gibt auf und ist verstimmt. Sie beschließt, ihrer Kollegin nicht mehr von sich zu erzählen. Zu Recht nimmt sie an, dass B kein wirkliches Interesse für sie aufbringt.

Ein Ehepaar:

Sie: »Ich weiß nicht, wie ich die Vorbereitung zur Party bewältigen soll. Vielleicht lasse ich heute den Spanischkurs ausfallen.«

Er: »Deine Sorgen möchte ich haben!«

Enttäuscht wendet sie sich ab. Immer wieder tut er ihre Sorgen als »Hausfrauenkram« ab!

Zwei Freundinnen:

A: »Ich fürchte, ich schaffe den Abschluss nicht. Und dabei ist er doch so wichtig für meine berufliche Laufbahn!«

B: »Mach dir keine Sorgen, es wird schon klappen.«

A fühlt sich mit billigen Worten abgespeist, wechselt das Thema, obwohl ihr die bevorstehenden Prüfungen schwer auf dem Magen liegen und sie gerne darüber reden möchte.

Noch ein Ehepaar:

Er: »Dieser Herr Boller ist mir zutiefst unsympathisch!«

Sie: »Du selbst wolltest wohl der Held des Abends sein, stimmt's?«

Für den Rest des Abends frisst er den Groll gegen seine Frau in sich hinein, ist mürrisch und verschlossen. Zu Recht fühlt er sich unverstanden, ja verhöhnt.

Und wie hören wir unseren Kindern zu? Liebevoll, oberflächlich, engagiert, unbeteiligt oder gar nicht …?

Einige Beispiele von Eltern, die die *Gefühle ihrer Kinder* ahnungslos übergehen und verletzen und damit ihr Mitteilungsbedürfnis blockieren:

Sohn, achtjährig, klagt:

»Ich schaffe meine Rechenaufgaben nicht! Wenn ich acht plus sieben minus neun rechne, bekomme ich sieben. Die Lehrerin sagt, das stimmt nicht. Aber ich finde immer zum selben Resultat!«

Vater: »Schon wieder! Jetzt kommst du bald in die dritte Klasse und schaffst noch nicht einmal diese einfache Rechnung! Ich brauche meine Ruhe. Geh und streng dich ein bisschen an!«

Beleidigt wendet sich der Sohn ab und geht zu seiner Mutter.

Besser wäre wohl folgende Reaktion des Vaters:

»Oh, dieses Rechnen! Macht manchmal schon Mühe, nicht wahr? Schauen wir uns die Sache mal an!«

Oder vielleicht auch:

»Du, Rainer, im Augenblick brauche ich eine Ruhepause. Ich hatte viel Stress im Betrieb. In einer Viertelstunde komme ich darauf zurück, okay?«

Tochter, fünfjährig:

»Und sie hat gesagt, ich hätte eine doofe Frisur!«

Vater: »Wieso ärgerst du dich? Sie ist doch selber doof! Sag ihr doch einfach, sie hätte einen dicken Arsch!«

Die Tochter fühlt sich von ihrer Spielkameradin verletzt und darüber hinaus von ihrem Vater nicht ernst genommen. Er begreift nicht, weshalb sie sich von ihm abwendet.

Hilfreicher wäre wohl folgende Antwort des Vaters:

»Das hat dich ganz schön getroffen, was!«

Tochter weinend: »Ja! Ich bin doch ihre Freundin!«

Der Vater lässt seine Tochter ausweinen. Dann besprechen sie die Sache.

Ilse, neunjährig:

Ilse: »Ich freue mich auf meinen Geburtstag!«

Mutter: »Stell dich aber bei den Gästen bloß nicht wieder so unbeholfen an wie letztes Jahr!«

Ohne ein weiteres Wort geht die Tochter in ihr Zimmer zurück. Sogar von hinten kann man ihr ansehen, dass sie beleidigt ist.

Statt die Vorfreude mit Ilse zu teilen, hat die Mutter sie mit ihrer vorwurfsvollen Haltung gekränkt. Wäre sie freundlich auf ihre Tochter eingegangen, hätte das Einvernehmen zwischen den beiden nicht getrübt werden müssen. Besser wäre vielleicht:

»Fein, dass du dich freust. Wann willst du mit den Vorbereitungen beginnen?«

»Am liebsten schon heute!«

»Hast du Vorschläge?«

Beni, neunjährig:

Beni: »Im Supermarkt habe ich Steven gesehen.«

Mutter: »Ach ja? Hast du den Kaffee mitgebracht?«

»Du mit deinem blöden Kaffee«, sagt er und gibt dem Hund einen Tritt, dass er sich jaulend unter dem Sofa verkriecht.

Statt sich für seine Begegnung mit Steven zu interessieren, sorgt sich die Mutter allein um den Kaffee. Die Kommunikation ist abgebrochen und Beni verärgert. Hätte sich die Mutter zuerst um die Botschaft ihres Sohnes gekümmert, wäre die Stimmung nicht verdorben worden. »Für mich interessiert sich ja niemand«, denkt er und verschanzt sich in seinem Zimmer.

Ein Echo zurückgeben, das stimmt

Frau Hess bringt ihre fünfjährige Lena in den Kindergarten und fragt mich dann draußen im Gang:

»Frau Maier, ist Lena auch im Kindergarten so bockig?«

»Eigentlich nicht. Sie ist recht ausgeglichen, spielt mit großer Ausdauer und kommt mit ihren Kameraden gut zurecht.«

»Zu Hause hat sie schreckliche Wutanfälle. Heute früh tobte sie, weil sie ihr Rüschenkleid wegen der Kälte nicht anziehen durfte. Sie schrie, trat mich gegen das Schienbein und schlug die Tür zu, dass es krachte. Ich sagte ihr, wie unvernünftig ihr Ausbruch sei. Sie solle sich nicht so anstellen, nur wegen dieses Kleides. Doch das nützte nichts. Sie wurde nur noch bockiger und schrie, ich sei eine doofe Mutter!«

Lena bekäme keinen dieser heftigen Wutausbrüche, wenn ihre Gefühle ernst genommen würden. Frau Hess könnte sagen:

»Du bist enttäuscht, nicht wahr, Lena, weil du dich gefreut hast, heute dein neues Kleid im Kindergarten zu zeigen.«

»Ja, dieses blöde Sauwetter«, würde sie wohl erwidern und vielleicht energisch auf den Boden stampfen.

Die Mutter würde noch ein wenig in Lenas Nähe bleiben, bis sich die Enttäuschung etwas gelegt hat.

»Vielleicht ist es morgen schön.«

»Kann ich dann das Kleid den ganzen Tag über anbehalten?«

»Selbstverständlich kannst du das!«

Lena würde sich verstanden fühlen und sich wohl bald wieder ihrem Spiel zuwenden.

Zwei Praktikantinnen wollten das Gitarrespielen wieder aufnehmen und brachten ihre Instrumente mit in den Kindergarten. Als sie anfingen zu spielen, hörte es sich wirklich schrecklich an. Sie begannen dann, die Gitarren zu stimmen, und es entstand ein harmonischer Einklang. Dazu sangen wir mit den Kindern über eine Stunde.

Auf die gleiche Weise sollten wir uns auf die Äußerungen unserer Kinder *abstimmen*, damit ein Wohlklang entsteht. Geben wir ihnen ein Echo zurück, das mit ihren Gefühlen und Wünschen stimmig ist.

Verständnisvolles Zuhören kommt von ver-stehen: in den Schuhen des anderen stehen. Das heißt, dass wir unseren eigenen Standpunkt für eine Weile verlassen und uns in die Welt des Kindes einfühlen. Dass wir die Welt mit seinen Augen betrachten, seine Gefühle und Wünsche erkennen und so beantworten, dass es sich verstanden fühlt. Dass es stimmt, so wie sich die beiden Gitarren aufeinander einstimmten und daraus eine harmonische Melodie entstand.

Zuhören heißt: Eigenes für eine Weile loslassen und sein Interesse ganz dem Erzählenden zuwenden.

Als die knapp dreijährige Renata den Kindergarten betritt, nehme ich wahr, dass sie bedrückt ist. Sie steht herum und geht nicht zu ihren Freunden, wie sie es sonst tut. Im Morgenkreis ist sie sehr ruhig, mag nicht mitsingen, nimmt nicht an den Spielen teil. Als sie sich später alleine an ein Tischchen setzt, lasse ich mich neben ihr nieder, sage nichts, schaue ihr einfach zu. Sie spürt meine Zuwendung, rutscht auf meine Knie. Ich lege den Arm um ihre kleinen Schultern und warte.

Nach einer Weile seufzt sie tief, beginnt, an meinem Blusenkragen herumzuspielen, und sagt leise:

»Mein Papi ist hingefallen ...«

»Oh!«

»Er ist im Krankenhaus ...«

»So sehr hat er sich wehgetan!«

»Ja. – Er hat einen großen Gips.«
»Oh!«
»So!« Renata breitet ihre Arme weit aus.
»Einen so großen Gips hat er?«
»Mmmmh.«
»Das macht dich ganz arg traurig?«
»Mmmmh. – Einmal schlafen muss ich, und dann kommt mein Papi wieder nach Hause.«
»Oh, wie schön! Da freust du dich bestimmt!«
»Mmmm. Ich mache ein Bild für Papi!«
Voll neuer Energie begibt sich Renata zu den Ölkreiden. Den Rest des Vormittags ist sie am Schaffen. Sie sitzt bei ihren Freunden und ist vergnügt.

Was ist in diesen knappen fünf Minuten in Renatas Gemüt vorgegangen, dass sie ihren Kummer recht schnell vergessen und sich zufrieden ihrer Zeichnung und ihren Spielgefährten zuwenden konnte?

Es brauchte nur ein wenig Zeit, etwas Einfühlungsvermögen für ihre Sorge um ihren Vater und einige Rückmeldungen, die zu ihrem Klang stimmten, damit ein Einklang entstehen konnte: »So sehr hat er sich wehgetan? Das macht dich traurig? Da freust du dich!«

Wenn wir einfach da sind und das Kind durch seine Erlebniswelt, wie immer sie sich auch zeigen mag, hindurchbegleiten, ruhig und unaufdringlich wie der »Waiter«, gibt ihm das ein Gefühl des Aufgehoben-, Geborgen- und Gehaltenseins, und es ist erstaunlich, wie leicht es sich dann in den meisten Fällen wieder auffangen kann.

Hätte ich gesagt: »Was ist heute mit dir los, Renata? Geh und hol dir etwas zum Spielen!« Dann wäre sie wohl bedrückt davongeschlichen. Doch ihr Kummer wäre derselbe geblieben, hätte sich wegen meines mangelnden Einfühlungsvermögens sogar noch verstärkt. Oder hätte ich zu ihrer Schilderung über Vaters Unfall gesagt: »Mach dir keine Sorgen, Renata, das Bein heilt ganz schnell wieder«, hätte sie sich in ihrer Sorge und in ihrem Heimweh nach ihm unverstanden gefühlt und kaum mehr weitererzählt.

Wenn wir uns sachte dorthin tasten, wo die **Gefühle und Wünsche** unseres Kindes sind, ohne sie zu beurteilen, zu kritisieren oder zu bagatellisieren, dann kommen wir beim Eigentlichen und Wesentlichen an, dann haben wir den Schlüssel zu seiner Welt gefunden, zu seinen Freuden, Sorgen und Nöten. Im Fall von Renata zu ihrer Beunruhigung und der Sehnsucht nach ihrem Vater. Es geht darum, unseren Klang mit ihrem Lied **gleichzustimmen**, ruhig, liebevoll, ohne zu dramatisieren noch zu verharmlosen, keinesfalls süß oder gar mitleidig. Die Gefühle des Kindes in einigen wenigen, verständnisvollen Worten zurückmelden, damit es sich verstanden fühlt. So eben, wie Gitarrenklänge unaufdringlich ein Lied begleiten.

Unserem Kind aufmerksam zuhören heißt, es auf seinem Weg begleiten, die eigenen Gedanken und Vorstellungen für eine Weile loslassen, um frei zu sein für das, was es uns mitteilen möchte.

Auf-*merk*-sam zuhören hat mit merken zu tun. Wenn wir hilfreich zuhören, werden wir merken, was im Kind vorgeht, und uns in seine Tonart einstimmen.

Im Grunde ist es seltsam: Wenn unser Kind klagt, es habe Bauchweh, ist unser Echo sofort da. Wir werden aufmerksam, versuchen herauszufinden, ob das Kind vielleicht etwas Unverträgliches gegessen hat oder ob es krank ist und was wir tun können. Wir messen die Temperatur, suchen vielleicht den Arzt auf. Wenn es uns aber mitteilt, seine Freundin habe gesagt, es habe eine doofe Frisur, dann sind wir manchmal weniger geneigt, auf das Bauchweh der kindlichen Seele zu achten und ihr das Echo zu geben, das stimmt.

Ich möchte betonen, dass echtes Zuhören und Ernstnehmen nicht nur dann angebracht sind, wenn das Kind Sorgen hat. Genauso unerlässlich ist es, auf das Kind einzugehen, wenn es sich freut, zum Beispiel wenn Beni erzählt, er habe im Supermarkt Steven gesehen.

»Mit dem Zuhören ist es wie mit dem Hefeteig«

Ein Vater, der meist ruhig in der Runde saß und nur hin und wieder eine kurze Bemerkung machte, sagte:

> »Mit dem Zuhören ist es eigentlich wie mit dem Hefeteig. Wenn meine Frau ihn ruhen lässt, geht er ganz von alleine auf. Und wenn sie dann den Backprozess nicht stört, entsteht ein schönes, rundes, goldenes Brot, und dieser unvergleichliche Duft erfüllt das ganze Haus.«

Welch schöner Vergleich! Einfach da sein und warten, nicht unnötig eingreifen, bis fast von selbst ein köstliches »Brot« entsteht, wenn man nur den Reifungsprozess nicht stört, damit nicht etwa das Gespräch, das eben noch so gut begonnen hat, durch unsere Ungeduld, durch unbesonnenes Dazwischenreden, zusammenfällt.

Im Grunde kennen wir die Gesprächsregeln ganz genau. In jedem Psychologie- und in jedem Führungs-, Verkaufs- und Managerkurs bekommt man sie zu hören. Doch ist es immer wieder erstaunlich, wie wenig wir diese hilfreichen Anregungen in der Praxis beachten. Wer nimmt schon mit echtem Interesse an den täglichen Freuden und Leiden des anderen teil? Und dabei wäre Zuhören für uns alle ein echtes Wundermittel, ein Lebenselixier!

Silia versucht zu lächeln, doch ihre Lippen zittern:
»Mein Papi hat vergessen, mir einen Kuss zu geben!«
»Ist nicht so schlimm, Silia. Sicher hat er es vergessen, weil er in Eile war. Du wirst sehen, wie er dich an sich drückt, wenn er dich um zwölf holen kommt! Er hat dich ja so lieb! Sei ein gutes Kind und geh jetzt spielen!«

Tröstlicher:
»Das klingt traurig, Silia!«
»Mmhmm.«
Ich setze mich zu Silia. Sie nuckelt an ihrem Daumen.
Einige Kinder kommen und streicheln sie, gehen wieder spielen.
Nach einer Weile tut sie einen tiefen Atemzug und sagt:
»Mein Papi hat eine Sitzung.«
»Er war wohl verspätet, nicht?«
»Ja.«
»Und da hat er vergessen, seiner Silia einen Kuss zu geben, vor lauter Eile.«
»Ja«.
»Jetzt hast du ein wenig Heimweh nach deinem Papi?«
»Mhmmm.«
Sie lehnt sich an meine Schultern. Nach einer Weile schaut sie auf:
»Wenn ich noch mal traurig werde, nehme ich dich bei der Hand.«
»Abgemacht!«
»Ich gebe Papi zwei Küsse, wenn er wiederkommt: einen für vorher und einen, weil er wieder da ist!«
»Oh, das ist eine prima Idee!«
Silia geht spielen. Einmal, im Laufe des Vormittags, nimmt sie mich bei der Hand. Ich drücke sie und lächle sie an. Eine kurze Weile bleibt sie bei mir. Dann hüpft sie wieder zu ihren Freundinnen zurück.

Die erste Version würde Silia ver-trösten, die zweite trösten, schlicht und ruhig und ohne wortreich auf sie einwirken zu wollen. Weil Silia eine verständnisvolle Rückmeldung bekam und auch Zeit, um mit ihrem Problem zurechtzukommen, hat sie von sich aus eine Lösung gefunden, nämlich dass sie Papa gleich zwei Küsse geben werde, wenn er sie holen kommt, und dass sie mich bei der Hand nehmen werde, falls sie wieder traurig wird.

Zuhören heißt nicht gleich Lösungsvorschläge anbieten oder vertrösten, sondern ganz einfach zuerst mal still sein.

Immer wieder ist man versucht, sein Kind vor unangenehmen Gefühlen zu bewahren, indem man ihm gleich fix und fertige Lösungsvorschläge anbietet, es ablenkt oder vertröstet. Begleiten wir es verständnisvoll und mit einer positiven Grundhaltung. Vermeiden wir es, ihm in mitleidigem Ton sein Selbstmitleid zu entlocken, denn dadurch würde es daran gehindert, sich seinem Problem mutig zu stellen.

Sind denn Gefühle überhaupt wichtig?

»Was soll denn eigentlich dieses ganze Getue um die Gefühle! Bei mir im Betrieb fragt man auch nicht nach meinen Gefühlen! Die habe ich schon lange nicht mehr! Funktionieren muss man, das ist gefragt! Und auch unsere Kinder können nicht früh genug auf unsere Leistungsgesellschaft hin getrimmt werden, sonst gehen sie unter. Jammerlappen sind unerwünscht. Kinder müssen so bald als möglich, und spätestens beim Schuleintritt, gestählt fürs Leben sein!«

Mit dieser Einstellung machen wir unsere Kinder zu Behinderten in ihrer Seele. Wenn sich ein Mensch, sei es ein Kind oder ein Erwachsener, in seinem Herzen nicht mehr spüren kann, ist er krank. Eines der kostbarsten Güter unseres Gemütes sind seine Regungen. Machen wir sie unseren Kindern nicht kaputt! Millionen Menschen, behindert an ihrer Lebendigkeit, funktionieren als »wandelnde Tote«. Wollen wir unseren Kindern das antun?

Wenn ich die Eltern bitte, mir zu sagen, was eigentlich ein Gefühl ist, dann antworten sie recht unsicher. Was sind das eigentlich genau, Gefühle? Man weiß es schon fast nicht mehr! Und wenn sie dann zögernd aufgezählt werden, erinnert man sich, dass man selbst welche hat, nur wusste man es nicht mehr so richtig: Freude, Trauer, Wut, Glück, Eifersucht, Liebe, Entmutigung, Enttäuschung, Neid, Hass!

Nachdenklich halten die Eltern inne. Darf man denn eigentlich überhaupt Gefühle wie Wut, Eifersucht, Neid und Hass empfinden? Und wäre es nicht besser, unangenehme Gefühle gleich, wenn sie sich bemerkbar machen, unter den Teppich zu kehren, zu verdrängen und unsere Kinder anzuhalten, es uns gleichzutun? Zum Beispiel, indem wir ablenken, vertrösten, belächeln, bagatellisieren, wegdiskutieren oder einfach nicht auf diese Regungen eingehen? Ohne diese lästigen Gefühle wäre man doch viel freier.

Ich möchte Ihnen hierzu nochmals aus dem Kindergarten erzählen:

Die Tür zum Kindergarten öffnet sich einen Spaltbreit, und ich schaue in die verweinten Augen von Laras Mutter. Schweigend trete ich in den Flur.

»Laras Großvater ist gestorben«, sagt Frau Manser. »Wir haben ihn sehr geliebt. Können Sie uns Lara rausschicken? Wir müssen gleich wegfahren, um alle Formalitäten zu erledigen. Können Sie so lange auf Lara achtgeben? Sie wird traurig sein.«

Als Lara wieder in den Kindergarten zurückkommt, weint sie. Ich gehe mit ihr in die Küche. Sie lässt ihren Tränen freien Lauf. Ich streiche ihr über die schwarzen Locken, warte. Dann sage ich:

»Das macht ganz arg traurig, wenn der Opa stirbt.«

»Er ist ganz arg lieb, der Opa.«

»Du hast ihn sehr, sehr gern, nicht wahr.«

»Ja. Und mein Papa ist auch ganz traurig. Großvater ist der Papa von meinem Papa.«

»Dein Papa hat jetzt keinen Papa mehr.«

»Ja.«

Ich warte. Lara entspannt sich allmählich. Dann schielt sie zu den Keksen, die die Kinder machen. Mit ihrer kleinen Faust wischt sie sich über die Augen.

»Was machen sie?«

»Die machen Plätzchen für den Verkehrspolizisten, der morgen zu uns kommt.«

»Ich helfe dann auch mit.«

»Mhmm.«

Nach einer Weile fragt sie:

»Kann man einem Opa, der gestorben ist, Freude machen?«

»Ja, Lara, das kann man sehr wohl. Man kann zum Beispiel ganz lieb an ihn denken. Oder ihm etwas schenken. Zum Beispiel eine Blume, einen Zweig, einen Stein, eine Zeichnung, ein Gedicht, ein Windrad oder ein Spielzeug. Das kann man dann aufs Grab legen.«

Laras Augen verraten Interesse.

Etwas später holt sie sich ein Blatt Papier und dicke Filzschreiber und legt sich damit bäuchlings auf den Fußboden. Eine halbe Stunde später bringt sie eine farbenprächtige Zeichnung. Darauf steht in großen Buchstaben: »OPAPAP«. Wir rollen das Blatt und binden ein hübsches Band darum. Ich frage nicht, was Lara damit vorhat. Sie macht bestimmt das, was für ihre kleine große Seele stimmt.

Am Mittag nimmt sie ihre Rolle und den Papierbeutel mit den inzwischen für ihren Vater gebackenen Keksen und geht ein kleines Stück getröstet nach Hause.

Großvaters Tod war voraussehbar, berichtete mir Laras Mutter, und sie haben das Kind sorgsam darauf vorbereitet. Und als er dann starb, haben die Beteiligten Laras Trauer ernst genommen und nicht versucht, sie unter den Tisch zu wischen. Lara konnte fruchtbare, warme Trauerarbeit leisten. Um ihren Schmerz ist sie nicht herumgekommen, aber die Familie hat ihn gemeinsam getragen. Laras Seele hat keinen Schaden genommen, ist wieder froh und frei und stark geworden.

Es erleichtert die Trauer, wenn man für den Verstorbenen etwas tun kann. So hat Lara für den Großvater eine Zeichnung gemacht. Gerne besucht sie sein Grab und legt manchmal ein kleines Geschenk darauf.

Viele gutmeinende und liebevolle Eltern versuchen, ihren Kindern zuzusprechen: »Wein doch nicht, es ist doch nicht so schlimm! Das geht bald wieder vorbei!« Sie wollen es damit trösten, wollen ihnen helfen, unangenehme Gefühle schnell loszuwerden. Und sie vergessen, dass Freude und Schmerz und alle unsere Gefühle zu unserem Leben gehören.

Lassen wir unser Kind weinen, wenn es sich danach fühlt. Wer versucht, seinen Schmerz zu verdrängen, wird nur zu bald erfahren, dass sich dieser ungebetene Gast immer und immer neu bemerkbar macht. Unzählige Depressionen Erwachsener wie auch von Kindern entstehen, weil sie nicht gelernt haben, mit ihren Gefühlen auf Du und Du zu stehen. Wer nicht gelernt hat, durch seinen Schmerz hindurchzugehen, wird sich auch nicht von ganzem Herzen freuen können.

Zuhören und »Referieren« sind zweierlei

Ein Elternpaar:

»Wir lieben unseren Ralph und tun alles für ihn. Wir unternehmen viel Spannendes, fahren mit ihm in ferne Länder, kümmern uns um seine Schulaufgaben. Er darf jederzeit seine Freunde mit nach Hause bringen. Abends am Bett singen und beten wir mit ihm, und doch ist er unzufrieden.«

Wir haben darüber gesprochen, dass ein Kind mehr als unsere Sorge um sein leibliches Wohl, mehr als aufregende Ferien und vielleicht noch ein Nachtgebet braucht. Es benötigt auch einen Teil unserer Zeit und unsere Zuwendung. Es muss seine Erlebnisse, seine Freuden und Leiden, die es in seinem Alltag bewegen, mit uns teilen können. Es braucht unser Mitgehen, um immer wieder mit sich selbst ins Lot zu kommen.

Auch wir Erwachsenen brauchen das, um unser inneres Gleichgewicht zu halten. Mit unserem Ehemann, unserer Ehefrau, mit Freund oder Freundin sprechen wir über unsere täglichen beglückenden und belastenden Erfahrungen, und es ist ein großes Geschenk, wenn sie uns mit ihrem Herzen und nicht nur mit halbem Ohr zuhören. Dann ist es, als würde man liebevoll in eine mollig weiche, warme Decke eingehüllt, ein echter Balsam für die Seele.

In jedem Seminar erzählen mir Eltern von der befreienden Wirkung, die sich auf die ganze Familie ausbreitete, als sie begannen, ihren Jungen und Mädchen – und auch sich gegenseitig! – zuzuhören. Das Familienleben entspannte sich merklich. Ist das ein Wunder? Jeder fühlt sich gleich besser, wenn er verstanden wird. Doch leider verwechseln wir nur allzu oft Zuhören mit »Referieren«.

Stella, acht Jahre, ist schlecht gelaunt. Als Vater nach Hause kommt, keift sie ihn an, er solle gefälligst seine Schuhe anständig hinstellen. Beim darauf folgenden Wortwechsel wirft sie ihre Schulbücher auf die Treppe und rennt in ihr Zimmer, die Tür laut hinter sich zuknallend.

Bis zu diesem Tag hätte ihr der Vater wohl eine Strafpredigt gehalten über die Art, wie man mit seinen Eltern umgeht.

Sich erinnernd, dass wir im Kurs versucht haben, nachzuspüren, wie elend man sich fühlt, wenn man wütend ist, wartet er eine Viertelstunde. Dann betritt er Stellas Zimmer. Sie liegt auf ihrem Bett, das Gesicht in die Kissen vergraben. Er setzt sich auf die Bettkante, setzt sich einfach zu ihr hin, wartet – und schweigt. Unheimlich langsam verstreichen die Minuten. Er hat ein mulmiges Gefühl im Bauch. Was, wenn sie ihn wieder anschreit oder gar wegschickt? Wenn sie ihm harte Worte an den Kopf wirft, ungerechte Vorwürfe vielleicht? Er sitzt einfach da und wartet, und das fällt ihm schwer. Dann sagt er:

»Ich denke, dir macht etwas zu schaffen, Stella?«

Nach einer Weile dreht sie sich auf den Rücken, verdeckt ihr Gesicht mit den Armen und beginnt stockend:

»Felix hat versprochen, mir nach der Schule bei den Rechenaufgaben zu helfen. Ich habe auf ihn gewartet und gewartet. Dann habe ich gesehen, wie er mit Angi nach Hause ging. Ich hasse ihn, oh, wie ich ihn hasse!«

Eigentlich möchte der Vater sagen: »Weine nicht, Stella, mach dir nichts daraus.« So gerne möchte er sie beruhigen, ihren Schmerz wegbagatellisieren. Er möchte sagen: »Wenn Felix dich sitzen lässt, ist er es nicht wert, dass du an ihn denkst. Zeig ihm morgen einfach die kalte Schulter und lass dir von jemand anderem bei den Aufgaben helfen.« Stattdessen sagt er:

»Das kränkt dich sicher, Stella.«

Nach einer Weile, die ihm unendlich lang vorkommt, sagt sie:

»Ich möchte ihm den Hals umdrehen, und auch der Angi! Zusammenschlagen möchte ich sie beide!«

Langsam beruhigt sie sich.

»Du, Papi«, sagt sie und zieht ihre Brauen zusammen, »auf dem Pausenplatz ist Angi hingefallen. Sie hat geweint und konnte nicht mehr gut gehen. Könnte es vielleicht sein, dass er sie nach Hause gebracht hat mit der Absicht, zu mir zurückzukommen?«
»Aha, du denkst, er wollte zuerst mal der Angi helfen?«
»Könnte doch sein, oder nicht?«
»Ja, das könnte schon sein.«

Weil Stella sonst ein ausgeglichenes und freundliches Kind ist, hat der Vater richtig vermutet, dass sie echten Kummer hat. Statt sie für ihr ausfallendes Benehmen auszuschelten, hat er zuerst einmal gewartet. Ohne sie zu bedrängen oder ihr Vorwürfe zu machen, war er einfach da. Ruhig und ohne Aufhebens nahm er an ihrem Kummer teil. Er hörte ihr zu, statt wie bis dahin zu referieren, sie beeinflussen zu wollen und ihr Lösungsvorschläge zu unterbreiten. So fühlte sie sich verstanden. In der Folge gelang es ihr sogar, ganz von sich aus eine für ihr Alter sehr reife Lösung zu finden: Morgen wollte sie Felix auf den Vorfall ansprechen.

Stella hatte richtig vermutet: Felix hatte Angi wirklich nach Hause gebracht. Und da niemand öffnete, läutete er bei der Nachbarin. Gemeinsam gingen sie mit Angi zum Arzt. Darüber hatte er das »Rendezvous« mit Stella glatt vergessen. Es tat ihm leid, Stella verletzt zu haben, und um die Sache wieder in Ordnung zu bringen, lud er sie am folgenden Tag zu sich ein und schenkte ihr sein Jo-Jo. Der Kummer war vergessen. Sie waren wieder dicke Freunde.

Weil der Vater den Mut aufgebracht hatte, die Stille auszuhalten und auf voreilige Lösungsvorschläge zu verzichten, ist ein rundes, warmes, duftendes »Brot« entstanden, die Frucht geduldigen und liebevollen Zuhörens.

Denken wir an den »Waiter«. Wenn es sich nicht um eine höchst dringliche, vielleicht gefährliche Angelegenheit handelt, wo ein Abwarten nicht verantwortet werden kann, sollten wir unser Kind nicht um jeden Preis dazu bewegen, sich zu äußern. Drängen wir es nicht. Warten wir, bis sich sein Herz von selbst öffnen kann. Den Schlüssel zum Vertrauen unseres Kindes finden wir nicht, indem wir es bedrängen, sondern, indem wir warten und zu verstehen suchen. Wenn es sich uns heute nicht anvertrauen kann oder will, sollten wir das respektieren. Wichtig ist, dass es unsere Zuwendung spürt. Es wird uns dankbar sein und zu uns kommen, wenn die Zeit dafür reif ist.

Manchmal kommt ein Kind nicht von selbst auf eine brauchbare Lösung seines Problems. Dann haben wir noch immer die Möglichkeit, es als »Waiter« behutsam auf der Suche nach einem gangbaren Weg zu begleiten.

An dieser Stelle sei betont, dass auch das Kind lernen muss, *uns* zuzuhören. Wo sonst soll es denn üben, auf den anderen einzugehen, wenn nicht im Kreise seiner Familie?

Die drei Schritte hilfreichen Zuhörens

Erster Schritt: Zuhören

Oft plaudert unser Kind ganz unbeschwert drauflos, plätschert wie ein munterer, kleiner Bach. Dann werden wir genauso unbeschwert zuhören, werden ihm wohl hin und wieder eine kurze Rückmeldung geben und unsere Arbeit weiter tun. Doch immer wieder kommt es auch vor, dass es uns etwas Wichtiges erzählt, vielleicht ein beglückendes Ereignis, vielleicht auch etwas Aufregendes oder Trauriges, einfach etwas, das es beschäftigt. Oder es richtet eine Frage an uns, eine ganz wesentliche, und wir horchen auf, weil sie einer sorgfältigen Antwort bedarf. Wenn möglich, werden wir dann unsere Arbeit niederlegen, uns dem Kinde zuwenden und ihm aufmerksam zuhören, ohne es zu unterbrechen, es sei denn mit einigen kurzen Rückmeldungen.

Zweiter Schritt: Die Botschaft zusammen mit dem Kind betrachten

Falls es sich nicht um belangloses Geplauder unseres Kindes, sondern um eine wichtige Botschaft handelt, können wir jetzt dazu übergehen, die Sache mit ihm zu betrachten, auch nachzufragen, falls uns die Botschaft des Kindes noch nicht klar ist. Es ist immer sinnvoll, den Bericht des Kindes kurz zusammenfassend wiederzugeben, um sicher zu sein, dass wir richtig verstanden haben:

»Das ist tatsächlich nicht einfach. Also, Zita hat dich für morgen, Mittwoch, in den Zirkus eingeladen. Doch anderseits wolltest du morgen deine Sachen auf dem Kinderflohmarkt verkaufen, stimmt's?«

Es kann vorkommen, dass uns die Nachricht unseres Kindes beunruhigt. Wenn wir vermeiden wollen, mit ihm in eine Sackgasse zu geraten, vielleicht dass es sich uns verschließt, uns weitere Auskunft verweigert oder uns anschwindelt, dann ist behutsames Vorgehen erforderlich.

Achten wir auf unseren Ton und unseren Gesichtsausdruck und versuchen wir, ruhig zu bleiben.

Röbi, achtjährig, erzählt seiner Mutter von seinem Ärger in der Schule. Sie versucht herauszufinden, was wirklich war. Schummelt Röbi wohl ein wenig bei seiner Schilderung des Vorfalls? Um Ordnung in sein nervöses Gestammel zu bringen, fasst sie kurz zusammen und versucht, sich ihre Beunruhigung nicht anmerken zu lassen:

»Schauen wir uns die Sache einmal an, Röbi: Rico ist also gestolpert und hat sich den Kopf an der Wand gestoßen. Das hat ihm sehr wehgetan. Der Lehrer hat dich ausgeschimpft, und du musstest nach der Schule nachsitzen. Und Rico hat gesagt, er sei nicht mehr dein Freund. Du bist auch wütend, dass er Keneth zu seinem Geburtstag einlädt und nicht dich.«

Versuchen wir in einer derart schwierigen Situation, nicht gleich frontal auf das Kind zuzugehen. Wenn wir es mit allzu direkten Fragen in die Enge treiben, wie zum Beispiel: »Du Röbi, da stimmt etwas nicht. Du lügst mich an! Gib zu, dass du Rico gestoßen hast!«, wird es sich uns mit größter Wahrscheinlichkeit verweigern und uns belügen. Eine vorsichtigere Annäherung könnte etwa so lauten:

»Röbi, könnte es sein, dass du wütend auf Rico warst?«
»Ja, er hat gesagt, ich sei ein Feigling, weil ich nicht vom Garagendach hinunterspringen wollte.«
»Und dann bist du echt zornig geworden und hast ihn gestoßen?«
»Ja.«
»Und dabei ist er gegen die Wand gefallen?«
»Ja.«

Es geht nun darum, die Sache mit dem Kind zu betrachten. Das braucht Ruhe und Feingefühl. Vermeiden wir es, Vorhaltungen zu machen.

Dritter Schritt: Eine Lösung suchen

Manchmal geht es darum, eine Lösung zu finden. Häufig ergibt sie sich ganz von selbst. Renata ist von alleine auf die Idee gekommen, für ihren Papa, der mit dem gebrochenen Bein im Krankenhaus lag, eine Zeichnung zu machen. Stella hat beschlossen, mit Felix zu sprechen, und er hat sie zu sich nach Hause eingeladen und ihr sein Jo-Jo geschenkt.

Wenn wir nämlich darauf verzichten, das Kind um jeden Preis gleich beeinflussen zu wollen, und wenn wir ihm unser Vertrauen ausdrücken, dass es eine Lösung finden wird, gelangt es nicht selten schon während seiner Schilderungen zu einer klareren Sicht der Situation und kann nun auch den Blickwinkel des anderen besser verstehen. So kann es vorkommen, dass es fast von selbst einen Weg findet. Lassen wir ihm Zeit zum Reflektieren. Ist die Sache zu knifflig, steht es uns immer noch frei, ihm unaufdringlich, fast unbemerkt, Vorschläge zu unterbreiten.

Wie höre ich zu, wenn mein Kind »ungezogen« ist?

Ein Vater fragt:

»Was mache ich, wenn meine Kinder etwas ›ausgefressen‹ haben?

Meine beiden Jungs haben die Katze in den Briefkasten gesperrt. Sie wäre beinahe darin erstickt. Ich war entsetzt, befreite das Tier und wollte die beiden Schlingel verhauen. Dann aber besann ich mich und sagte:

›Ich sehe, es war euch danach, die Katze einzusperren.‹

Verdutzt sahen sich die beiden an und nickten dann überzeugt. Da machte sich mein gesunder Menschenverstand bemerkbar, und ich begriff endlich, worum es geht. Hier handelte es sich ja nicht darum, dass die beiden Schlingel mir etwas anvertrauen wollten, was des verständnisvollen Zuhörens bedurfte. Nein, die Bengel waren schlicht und einfach grausam zu der armen Katze. Dem Kind zuhören und auf es eingehen heißt nicht, sein schlechtes Verhalten billigen zu müssen. Zuhören befreit uns nicht davon, klare Grenzen zu setzen!

Ich schickte die Jungen erst mal in ihre Zimmer. Das Abendessen wurde schweigend eingenommen, und anschließend besprachen wir ihre Missetat.

Der Größere erklärte uns, eigentlich habe er nur sehen wollen, wie es ist, wenn man ›tot wird‹. Darauf unterhielten wir uns eingehend über Tierquälerei und über den Tod.

Es war ein langes und letztendlich fruchtbares Gespräch. Die beiden beschlossen, keinem Tier mehr etwas anzutun, und suchten einen Weg, ihre Tat wiedergutzumachen. Sie wollten fortan gut für die Katze sorgen.«

Anfänglich war diesem Vater ein Denkfehler unterlaufen, der folgenschwer hätte ausgehen können. Wie er dann aber richtig folgerte, ging es keineswegs darum, dass ihm die Jungen etwas anvertrauen wollten, was des verständnisvollen Zuhörens bedurfte. Nein, er hatte sie dabei ertappt, wie sie ganz offensichtlich eine große Dummheit begingen, die man keineswegs auf die leichte Schulter nehmen durfte. Wenn Kinder Ungutes treiben oder gar Böses tun, heißt es zuerst einmal: Eingreifen! Wenn wir, wie dieser Vater es zuerst tat, den Streich der Kinder durch ungeschickte Worte fast noch billigen, kann sie das in ihrem Tun bestärken und schlimme Folgen nach sich ziehen!

Die Eltern haben gut daran getan, sich ernsthaft mit den Jungen über ihre Tat zu unterhalten und sie nach Vorschlägen zu fragen, wie sie wiedergutzumachen sei.

»Unsere Lisette hat ihren Teller mit dem Pudding an die Wand geschmissen. Ich schluckte dreimal und sagte dann freundlich: ›Lisette, ich denke, du bist wütend, weil du lieber Eis hättest.‹ Dann wischte ich die Bescherung auf.«

Diese gut gemeinte Reaktion der unsicheren Mutter ist kontraproduktiv. Denn Lisette hat sie eindeutig ganz massiv provoziert. Hier sind Mutters verständnisvolle Worte fehl am Platz. Und es versteht sich von selbst, dass Lisette die angerichtete Bescherung selbst wieder in Ordnung bringen soll.

Vertraut uns anderseits ein Kind etwas an, vielleicht eine begangene Dummheit, sollten wir, wie beschrieben, aufmerksam zuhören, die Sache gemeinsam betrachten und schauen, wie sie wieder ins Lot gebracht werden kann.

Muss ich die ganze Zeit zuhören, wenn mein Kind pausenlos plappert?

»Mein Kind plappert pausenlos vom Morgen früh bis abends spät. Muss ich denn andauernd zuhören und zurückmelden? Das schaffe ich ganz einfach nicht!«

Ganz sicher müssen wir das nicht. Es gibt gesprächige Kinder, ruhigere Kinder und solche, die kaum etwas von sich geben, und bei denen wir froh und dankbar wären, wenn sie ein wenig aus sich herauskämen. Es ist nicht möglich, einem Kind, das pausenlos plappert, vom Morgen bis zum Abend ununterbrochen zuzuhören. Getrost können wir ihm hin und wieder zu verstehen geben, dass wir jetzt eine Pause benötigen, um uns bei der Arbeit konzentrieren oder uns entspannen zu können. Andererseits sollten wir uns jedem unserer Kinder, und ganz besonders den ruhigen und zurückhaltenden, täglich für eine kleine Weile voll und ganz widmen, indem wir mit dem, was wir gerade tun, innehalten und ihnen unsere ungeteilte Aufmerksamkeit schenken. Am schönsten ist es, wenn wir uns abends ans Bett des Kindes setzen und so unseren Tag miteinander abschließen. Und auch am Bett des Kindes gilt die Regel: Zuhören statt pausenlos referieren! Doch es gibt auch eine Regel für das Kind, nämlich, dass es auch uns zuhören soll, wenn wir etwas zu sagen haben. Und sie werden uns zuhören, sobald wir gelernt haben, mit unseren Worten sparsamer umzugehen!

Wenn der Tag zur Neige geht – am Bett des Kindes

Wenn wir uns regelmäßig abends ans Bett unseres Kindes setzen, sei es auch nur für fünf Minuten, und wenn wir ihm wirklich zuhören, laufen wir kaum Gefahr, an ihm vorbeizuleben. Diese wenigen ruhigen Minuten des Vertrautseins – wenn sie uns nach einem anstrengenden Tag auch noch so viel Überwindung kosten – gehören zu den wesentlichen und kostbarsten Augenblicken im Leben von Kind und Eltern. Sie sind ein innerer Reichtum, der nie verloren geht. Kinder können ein Leben lang damit haushalten.

Am Bett des Kindes, und beim Zuhören überhaupt, muss es nicht nur um Probleme gehen. Auch viel Gutes, Schönes und Beglückendes hat sich im Laufe des Tages ereignet. Es ist die Zeit des Gebens und Nehmens der Herzen. Wir können diese Minuten wie ein kleines Fest und manchmal auch als Akt des Verzeihens begehen. Meist wollen die Kinder diese Minuten der Begegnung nie mehr missen. Nicht wenige Kinder erzählen dabei spontan von sich, über Schönes und Belastendes aus ihrem Alltag. Es sind die fünf Minuten, wo sie keine Schelte und keine Vorwürfe zu hören bekommen, auch wenn sie etwas zu »beichten« haben. Es ist die Zeit, wo sie ihre Herzensangelegenheiten in unsere bergenden Hände legen dürfen, wo ihnen das Vertrauen ins Leben, in die Menschen und in die Welt, diese Lebens-Zuversicht, in die Seele gelegt wird als das kostbarste Geschenk, das wir ihnen mitgeben können.

Ein Vater erzählt:

»Bevor ich meinen dreijährigen Sohn zu Bett bringe, setze ich mich mit ihm auf die Schaukel im Garten, egal ob es Sommer ist oder Winter. Das ist für uns ein verbindendes und erfüllendes Erlebnis und für mich das Entspannendste und Beglückendste, das es gibt.«

Welch wunderbare Minuten der Nähe und Geborgenheit! Wir wissen nicht, was die beiden miteinander besprechen. Vielleicht gar nichts. Sicher ist diese allabendliche Zweisamkeit ein Kapital, das ihnen ihr Leben lang erhalten bleibt.

Ein anderer Vater, dessen sehr ruhiger und zurückhaltender Sohn mit dem abendlichen Zusammensein nichts anzufangen weiß und verlegen seine Bären holt, erzählt:

»Indem ich auf das Spiel meines kleinen Jungen mit seinem Kuscheltier eingehe, kann ich viel über ihn erfahren, denn auf der Spielebene kann er über sich und seine Erlebnisse erzählen. Irgendwann begann ich ihm über mich selbst zu berichten, über meinen Tag oder über die Zeit, als ich ein kleiner Junge war. Bald nahm er den Faden auf, und langsam kam das Gespräch in Gang. Er freut sich auf unsere ›Feierabendtreffs‹ und ist überhaupt viel offener geworden. Selbstverständlich wechseln uns meine Frau und ich bei den Abendgesprächen ab.«

Eine Mutter erzählt, es gehöre zu ihrem Abendritual, dass die Familie gemeinsam in den Garten oder auf den Balkon gehe, den Mond und die Sterne betrachte, Wind und Regen spüre und den Geräuschen des Abends lausche. Auf diese Weise zur Ruhe gekommen, gehen die Kinder zufrieden zu Bett und freuen sich, dass die Eltern sich noch kurz zu ihnen setzen. Dann schlafen sie leicht ein, und es kommt kaum vor, dass sie wieder aus ihren Betten schlüpfen.

Eine andere Mutter nimmt es praktisch:

»Nach dem Abendessen nehme ich gleich alle drei Töchter mit in die Küche. So erledige ich unser Abendgespräch in einem einzigen Aufwasch ...«

Nur: Wenn wir jedem einzelnen unserer Kinder die Chance geben möchten, sich uns anzuvertrauen, dann ist es nicht möglich, alle drei »in einem einzigen Aufwasch« abzufertigen. Kein Kind wird uns seine persönlichen Gefühle und Gedanken im Beisein seiner Geschwister anvertrauen. Ich denke, fünf Minuten an jedem Kinderbett und vielleicht noch etwas mehr für das Kind, das unserer Zuwendung heute ganz besonders bedarf, sollten wir aufbringen. Wenn nicht, ist es vielleicht möglich, uns jeden Tag *einem* der drei Kinder ganz persönlich zu widmen, immer abwechselnd, vielleicht wenn es von der Schule nach Hause kommt und seinen Apfel isst, vielleicht beim Gemüseputzen oder bei einem kleinen Spaziergang zu zweit.

Wir werden staunen, wie sehr Kinder unsere ungeteilte Aufmerksamkeit genießen, diese fruchtbaren Minuten, während deren wir ihnen unser Bestes geben, nämlich unsere Zeit, unsere Liebe und unser Mitgehen.

Ein Vater sagt:

»Ich habe mich zu meiner Tochter gesetzt und sagte: ›So, schieß los! Was bedrückt dich heute?‹ Da hat sie mich weggeschickt und will mich seither nicht mehr an ihrem Bett haben. Also, was soll das Ganze?«

Versuchen wir nicht, in unser Kind eindringen zu wollen, es zum Sprechen zu nötigen. Sonst wird es sich uns verweigern. Das Wesentliche ist nicht, dass es sich uns jetzt gleich anvertraut, sondern, dass wir uns ihm zuwenden und das Zusammensein genießen! Wenn unser Kind uns etwas mitteilen will, tut es das, wenn die Zeit dazu reif ist.

Am Abend, nachdem wir im Kurs vom Zuhören gesprochen hatten, setzte sich eine Mutter ans Bett ihrer Tochter Carmen. Sie nahm sie in die Arme, und so saßen sie da, bis Carmen fragte:

»Du Mama, warum sagst du nichts?«

»Weil ich es so sehr genieße, bei dir zu sein.«

Eine Weile spielte Carmen mit dem Blusenärmel ihrer Mutter und begann dann zu weinen. Sie erzählte von Nachbars Hasen, der gestorben war, und von einem kleinen Spielgefährten, der sie heute geärgert hatte.

»Es war, als hätten sich alle Schleusen geöffnet«, erzählt die Mutter. »Nach einer Weile beruhigte sie sich, wurde dann froh und bekam nicht genug vom Erzählen. Sie berichtete von der Schule, von ihren Freunden, einfach alles, was sie uns bisher nicht berichten konnte, weil wir nie Zeit gefunden hatten, ihr wirklich zuzuhören.«

Von diesem Tag an setzten sich die Eltern jeden Abend an Carmens Bett, einmal der Vater und einmal die Mutter. Seither hat sich das eher schüchterne und zaghafte Kind zu einer aufgeweckten kleinen Persönlichkeit entwickelt. Sie ist bei allen beliebt und versteht es auch, sich durchzusetzen. Ihre Mutter ist darüber nicht erstaunt. »Weil sie laufend ihren Alltag mit uns verarbeiten kann, ist sie stark, selbstbewusst und ausgeglichen geworden.«

Inzwischen ist Carmen zwölf Jahre alt. Es kam die Zeit, wo sie die Eltern nicht mehr an ihrem Bett haben wollte. Aber den Gedankenaustausch haben sie beibehalten.

»Obwohl sie schon ganz schön pubertiert, haben wir es gut, weil wir miteinander reden können. Das stärkt und schützt sie für die Bewältigung ihres jungen Lebens. Zuhören ist ein Wundermittel! Es hat unserer Familie gegenseitiges Verständnis und neue Lebensqualität gebracht.«

Dort, wo man miteinander im Gespräch bleibt, können Spannungen, offene Fragen und Probleme leichter bewältigt werden. Allgemein melden mir viele Eltern, ihre Kinder seien ausgeglichener, seit bei ihnen das Zuhören an der Tagesordnung ist. Konflikte werden besprochen, und so nehmen auch die gegenseitigen Aggressionen merklich ab.

Liebe Väter und liebe Mütter, ich möchte Ihnen diese täglichen Minuten zusammen mit Ihren Kindern ganz warm ans Herz legen! Vernachlässigen Sie besser einmal die Wohnung oder das Haus und den Garten. Aber vernachlässigen Sie nicht die Seelen Ihrer Kinder!

16
Müssen wir uns mit Haut und Haar für unsere Kinder aufgeben?

Im Kindergarten mache ich mir Sorgen um die fünfeinhalbjährige Claire. Sie weint wegen jeder Kleinigkeit, ist oft krank, und auch zu Hause sei sie nicht zu motivieren. Ihre Eltern sind ratlos. Seit einigen Monaten geht das schon so. Vergeblich versuche ich immer wieder, Claire für neue Beschäftigungen zu interessieren. Ich frage die Mutter, was ihre Tochter denn zu Hause so unternehme. Erst jetzt erfahre ich, dass ihre ganze Woche verplant ist. Sie geht zum Schwimmen, macht Ballett und Judo, bekommt Englisch-, Klavier- und Malstunden.

»Könnte es sein, dass wir unser Kind mit all diesen Terminen überfordern? Als ich selbst ein Mädchen war, durfte ich meinen persönlichen Interessen und Neigungen nicht nachgehen, und ich gelobte mir, dass es meine Kinder besser haben sollen.«

Die Eltern beschließen, Claire von ihren zahlreichen Verpflichtungen zu befreien. Sie soll fürs Erste nur noch den Kindergarten besuchen. Seither ist sie wie ausgewechselt, ein motiviertes, lebenslustiges Mädchen. Sie kommt gerne in den Kindergarten und macht begeistert mit. Ein halbes Jahr später verlangt sie von sich aus, wieder Ballettstunden nehmen zu dürfen. Sie werden ihr gewährt und sind ihr auch keine Belastung mehr.

Jetzt erst wird der Mutter bewusst, dass sie sich für Claire gänzlich aufgegeben hatte. Sie hatte kaum etwas anderes getan, als ihre Tochter von Termin zu Termin zu fahren. »Es war eine riesige Belastung, und ich hatte kaum eine Minute für mich selbst.« Nun begann sie selbst zu malen, nahm Tanzstunden und genoss die neue Freiheit.

Manche Eltern glauben, sie müssten ihren Kindern möglichst viele Aktivitäten anbieten. Und sie tun es oft in Form von fast lückenlosen Programmen. Und auch den Freunden der Kinder, wenn sie zu Besuch kommen, sollte man, so meint man zumindest, eine große Palette an Unterhaltungen anbieten.

Auch gibt es Mütter und Väter, die oft stundenlang mit ihren Kindern spielen, um sie nicht zu vernachlässigen, um keine schlechten Eltern zu sein. Das ist eine große Belastung, ja Überforderung für Kinder und Eltern. Auch Kinder klagen mir nämlich, sie hätten zu Hause viel zu wenig Zeit, um einmal ausgiebig für sich selbst spielen zu können. Natürlich wissen sie, dass ihre Eltern es mit all diesen Aktivitäten gut meinen, und im Augenblick sind manche davon ja ein ganz angenehmer Zeitvertreib. Doch statt sich darüber so richtig zu freuen, werden die Kinder unzufrieden und in ihren Forderungen maßlos, und wir wiederum fühlen uns für ihre Unterhaltung verantwortlich, statt allein ihnen die Initiative zu überlassen. Ein Teufelskreis.

Und so verlieren die Kinder Unternehmungsgeist, Lust und Interesse am Sein und am Tun. Sie hängen an unserem Rockzipfel und klagen wohl zum hundertsten Mal, sie wüssten nicht, was tun. Es fehlen ihnen Entdeckerfreude und Kreativität.

Es ist nicht notwendig, sondern schädlich, wenn das Kind von Party zu Party, von Termin zu Termin geschleust wird, zu Unterhaltungen, die ihm schon längst zur Gewohnheit, ja vielleicht manchmal gar zur Plage geworden sind. Ein Film im Kino ist etwas Aufregendes! Er sollte ein beglückendes Ereignis sein und nicht zur Selbstverständlichkeit werden. Kinder sollen selbst entscheiden, was sie zusammen mit ihren Freunden spielen wollen. Das bereitet ihnen sicher mehr Spaß, als wenn wir ihnen unsere Vorschläge auf dem silbernen Tablett präsentieren. Es gibt Kinder, die ihre Fantasie noch nie wirklich entdeckt und noch nicht erfahren haben, wie spannend es ist, aus nichts etwas zu machen. Wenn wir aufhören, ihnen ihr Leben zu organisieren, entwickeln sie einen ungeahnten Ideenreichtum und sind dann auch glücklich und stolz darüber, was sie heute wieder alles entdeckt und erlebt haben.

Lassen wir unseren Kindern so viel Zeit wie möglich zum eigenen Sein und Tun! Es ist nicht immer das Beste, jeden Trend mitzumachen. Ihnen möglichst viel Unterhaltung anzubieten ist ein Modetrend. Gehorchen wir lieber unserem eigenen, gesunden Menschenverstand und begleiten wir sie als »Waiter« und nicht als Manager ihrer Zeit.

Es treten viele Kinder in den Kindergarten oder in die Schule ein, die nicht mehr richtig spielen, sich nicht mehr wirklich freuen können. Sie sind übersättigt, unkonzentriert und passiv, hängen herum und belästigen aus lauter Langeweile ihre Kameraden. Sie erwarten von der Kindergärtnerin oder Lehrerin, dass sie sich pausenlos mit ihnen beschäftigt.

Oft ist es fast nicht mehr möglich, sie zu interessieren. Es ist erschreckend, und viele Lehrpersonen berichten davon.

Manche Mütter haben längst aufgegeben, ihre eigenen, persönlichen Bedürfnisse und Neigungen wahrzunehmen. Sie haben es sich angewöhnt, nur zu geben. Dringend sollten sie ein Stück Freiraum für sich selbst beanspruchen, Neues und Anregendes erleben, sich selbst Gutes tun und damit wieder »Treibstoff« auftanken. Das gibt ihnen neue Freude und die Kraft, sich mit frischer Energie wieder ihrer Familie zuzuwenden.

Es liegt mir fern, dafür zu plädieren, dass Mütter ihre meiste Zeit außer Haus verbringen und die Erziehungsaufgabe fremden Personen überlassen sollen. Mütter sollen für ihre Kinder »greifbar« sein. Doch der Familiensituation angepasst und mit Maß dem Beruf oder seinen Interessen nachzugehen wirkt befreiend. Wichtig ist, dafür zu sorgen, dass die Kinder während ihrer Abwesenheit durch wirklich gute, verlässliche und liebevolle Vertrauenspersonen betreut werden. Auf keinen Fall sollen Kinder wahllos von Hand zu Hand, von Betreuungsperson zu Betreuungsperson herumgereicht werden!

An dieser Stelle sei betont, wie sehr Großeltern der jungen Familie zum Segen werden können und aus ihrem Leben nicht wegzudenken sind. Obwohl viele Großeltern noch voll im Berufsleben stehen, finden sie doch immer wieder Zeit für ihre Enkel. Großeltern, die ungeachtet ihres Alters jung, unternehmungsfreudig, flexibel und dem Leben zugewandt sind, das sind wahre Engel und eine Wohltat für Kinder und Eltern! Solche Großeltern sind gefragt und brauchen nicht zu befürchten, »arbeitslos« zu werden.

Wie erwähnt, glauben viele Eltern, es sei ihre Pflicht, sich täglich zu ihren Kindern hinzusetzen, um mit ihnen zu spielen. Im Grunde ist es weniger das Spiel mit ihren Eltern, das die Kinder suchen, als vielmehr die Zuwendung, die sie manchmal nur auf diese Weise erhalten. Schenken wir ihnen doch besser jeden Tag eine Weile des Zuhörens und Eingehens! Ich denke übrigens, dass es vielen Eltern mehr Vergnügen bereiten würde, von Zeit zu Zeit hingebungsvoll mit ihren Kindern zu spielen, als sich die tägliche, obligatorische Spielstunde abzuringen und sich danach zu sehnen, endlich wieder »abtreten« zu dürfen. Denn nicht jeder Vater und nicht jede Mutter findet Gefallen daran, sich mit Puppen und Eisenbahnen zu beschäftigen. Stattdessen haben wir vielleicht Interesse am Basteln, oder vielleicht lieben wir die Natur oder freuen uns daran, mit unseren Jungen und Mädchen ein Museum oder eine Burg zu besuchen, im Wald umherzustreifen, gemeinsam einen Kuchen zu backen oder mit Stiefeln durch Pfützen zu waten.

Es ist die Qualität und nicht die Quantität unseres Beisammenseins, die zählt, und der Spaß, den wir und unsere Kinder dabei haben.

Es liegt mir daran, Ihnen zu sagen, wie unentbehrlich der Vater für die gesunde Entwicklung seiner Kinder ist.

Es ist mir sehr bewusst, wie viel Kraft es ihn kostet, im Berufsleben zu bestehen, um für das Wohl seiner Familie zu sorgen. Viele Väter kommen abends gestresst und ausgepumpt nach Hause. Für manche von ihnen bedeutet es Ausgleich und Entspannung, sich dann gleich ihren Kindern zuwenden zu können. Andere Väter wünschen sich nichts sehnlicher, als sich zuerst einmal für eine Viertelstunde zurückziehen zu dürfen, um ungestört Zeitung zu lesen, Musik zu hören, zu joggen oder einfach ein kurzes Nickerchen zu machen, um sich dann mit neuer Energie der Familie widmen zu können. In Familien, wo Vätern diese Verschnaufpause möglich ist, läuft der Abend meist entspannter und friedlicher ab.

Väter, die ihrer Frau und den Kindern dann wirklich – und nicht nur scheinbar – zuhören, die am Familiengeschehen teilnehmen, sind gefragt, ein großer Segen und eine riesige Wohltat für die Familie. Es geht auch hier nicht darum, dass sie sich am Feierabend unaufhörlich mit den Kindern beschäftigen müssen. Auch hier gilt: Lieber eine halbe Stunde mit ganzem Herzen als ein Abend lang halbherzig.

An dieser Stelle schlage ich Ihnen einige Beschäftigungsmöglichkeiten vor, denen Sie zusammen mit Ihren Kindern nachgehen könnten. Vielleicht sagt Ihnen die eine oder andere zu:

Beschäftigungsmöglichkeiten zusammen mit unseren Kindern

- Würfelspiele und andere Gesellschaftsspiele
- Kuchen backen, neue Gerichte ausprobieren
- Basteln, laubsägen, töpfern, nähen, malen, kleben, Papier falten, Scherenschnitte machen, einen Ballon, ein Schiff, ein Flugzeug, einen Drachen bauen
- Die Fenster schmücken (z. B. Weihnachten, Ostern oder den Jahreszeiten entsprechend)
- Musik hören, musizieren, tanzen
- Geschichten erzählen, miteinander eine Geschichte dichten
- Ein Zelt aufstellen, eine Hütte oder ein Iglu bauen, sich verkleiden
- Die Natur entdecken:
- Leben im Teich, im See, im Meer (evtl. Kindermikroskop besorgen), der Wald, die Wiese, Tiere
- Bäume, Blumen, Schmetterlinge, Vogelstimmen kennenlernen
- Ein Gartenbeet einrichten
- Ein Naturkundemuseum, den Zoo besuchen
- usw. usw.
- Mit Stiefeln durch Pfützen waten, einen Bach stauen, wandern, fotografieren, Rad fahren, Schlittschuh laufen, schwimmen, eine Schnitzeljagd machen, rodeln, einen Schneemann bauen
- Den Kindern spannende Themen erzählen. Es gibt dazu ausgezeichnete Sachbücher in den Kinderabteilungen der Bibliotheken. Mögliche Themen: andere Länder mit ihren Bräuchen

und Sitten. Wie leben die Kinder in fernen Ländern? Andere Städte, z. B. London, Venedig, Tokio, New York, ihr Leben, ihre Menschen. Die Indianer, die Inuit usw. Wie lebten die alten Römer? Raumfahrt, das Sonnensystem (wie ist es auf dem Mars, dem Jupiter, dem Pluto usw.? Könnte man darauf leben?). Evolutionsgeschichte: Von den ersten Lebewesen über die Dinosaurier bis zu den ersten Menschen. Technik: Sachbücher studieren, Experimente machen, ein technisches Museum besuchen, Berufe etc.

17 Elternsein ist eine Gratwanderung

Viele Eltern klagen, wie sehr es sie belastet, immer wieder an ihre Grenzen zu stoßen.

»Immer wieder unterlaufen mir dieselben Fehler, obwohl ich es ja besser wissen sollte. Ich schreie meine Kinder an, drohe ihnen und lebe an ihnen vorbei. Es ist zum Verzweifeln!«

Kinder auf ihrem Weg zu begleiten ist eine stete Gratwanderung, wohl eine der größten Herausforderungen, die es gibt. Wir lieben unsere Kinder und begleiten sie mit unserer ganzen Hingabe. Die Verantwortung drückt uns zuweilen schwer. Es gibt fürs Elternsein kein Studium und auch kein Nachschlagewerk, in welchem wir wie in einem Kochbuch das passende Rezept finden können.

> Kinder sind keine Gegenstände, auch keine Rechenaufgaben, die aufgehen. Sie sind lebendige, junge Menschen, die unserer Obhut anvertraut sind und uns täglich herausfordern, weil sie das Leben lernen müssen. Es kann nicht immer wie am Schnürchen laufen, denn Kinder sind »brauchig«, wie mir eine Mutter sagte. Ja, sie saugen uns manchmal regelrecht aus.

Sind denn wir Eltern an allem schuld?

Sind ganz allein wir verantwortlich für jeden einzelnen Schritt unserer Kinder?

Jedes Kind ist einmalig und unverwechselbar. Es bringt seine ganz persönlichen Gedanken, Wünsche und Neigungen und seinen eigenen Willen mit. Wir können es noch so sehr lieben und behüten, es wird doch immer wieder Entscheidungen treffen, auf die wir keinen Einfluss nehmen können. So sagen wir ihm wohl hundertmal, es dürfe auf dem Schulweg nicht über jene verkehrsreiche Straße gehen. Es wird sich vielleicht trotzdem, und eben gerade weil es gefährlich ist, dazu entschließen, sie genau an dieser unübersichtlichen Stelle zu überqueren.

Manchmal holt uns die Angst ein: Angst, unser Kind könnte in der Schule versagen oder in seiner Klasse ein Außenseiter sein. Wir fürchten, es könnte ihm etwas zustoßen. Ich kenne kaum Eltern, die sich nicht um ihre Kinder sorgen. Es gilt, unsere Angst wahrzunehmen, wenn sie uns einholt. Vielleicht setzen wir uns für eine Weile hin, um sie uns ganz genau anzuschauen. Überlegen wir, ob wir unser Kind mit einem »Nein« wirklich schützen oder ob wir damit vielleicht vor allem uns selbst schonen. Ist es, um meiner eigenen Angst zu entkommen, dass ich meinem Kind verbiete, ohne meine Begleitung zu seinem Freund oder seiner Freundin zu gehen, oder ist der Weg dorthin *wirklich* gefährlich? Könnte das Kind vielleicht eben durch diesen Gang zu seinem Spielkameraden wachsamer gegenüber Gefahren und dadurch selbstständiger werden?

Immer wieder haben wir auch Angst, unserem Kinde unrecht zu tun, möglicherweise eines Missverständnisses wegen. Davor sind wir nicht gefeit. Wenn uns ein solches Missgeschick passiert, sollten wir uns bei ihm entschuldigen und das Vorgefallene mit ihm besprechen. Kinder sind bewundernswerte Meister im Loslassenkönnen, im Lieben und Verzeihen! Erstarren wir nicht in unseren Selbstvorwürfen! Versuchen wir, auch uns selbst stets neu zu verzeihen, und freuen wir uns über unsere täglichen kleinen Fortschritte und Erfolge! Sprechen wir mit vertrauten Menschen über unsere Freuden und Leiden, Erfolge und Misserfolge. Und gehen wir dann unseren Weg mutig weiter, indem wir die vielen guten und beglückenden Seiten unserer wunderbaren Kinder – und auch die unsrigen – anerkennen und genießen!

Es ist wohl ein Lebensgesetz: Weder unsere Eltern waren frei von Irrtümern, noch sind wir es, noch werden es unsere Kinder und Enkel sein. Jeder von uns hat seine eigene Biografie. Keine Lebensgeschichte ist wie die andere. Wie ein Lunchpaket tragen wir sie mit uns. Darin gibt es viel Proviant, der uns auf unserem Wege nährt und stärkt. Es sind die guten und fruchtbaren Erfahrungen unseres Lebens. Und wir alle haben auch Erfahrungen gemacht, die uns das Leben erschweren. Ein jeder von uns hat seine persönlichen Schwierigkeiten, mit denen er und seine Familie leben müssen. Wir haben Verhaltensweisen entwickelt, die uns selbst und unserer Umgebung Mühe bereiten. Wir können nicht aus unserer Haut schlüpfen. Immer wieder stoßen wir an die gleichen Grenzen.

Es tut gut, zusammen mit anderen Eltern, mit dem Partner und Freunden nachzudenken, neue Impulse zu erhalten und frischen Mut zu schöpfen.

Versuchen wir, unsere persönlichen Erfahrungen, auch die unserer Kindheit, nicht mit dem Leben unseres Kindes durcheinanderzubringen! Mit unserer Biografie hat unser Kind nichts zu tun, denn es geht seinen eigenen Lebensweg. Es könnte nämlich sein, dass wir, ohne uns dessen so ganz bewusst zu werden, unsere Wünsche und Vorstellungen auf unser Kind übertragen. Möglicherweise sind es Wünsche, die wir in unserem eigenen Leben nicht verwirklichen konnten.

Vielleicht ist unser Kind kein Rechengenie, nicht sprachbegabt oder nicht besonders fantasievoll. Es ist nicht auszuschließen, dass es eine Wesensart besitzt, die uns Mühe macht, und es fällt uns zuweilen schwer, damit zurechtzukommen. Vielleicht bringt es auch nicht die Freunde nach Hause, die wir uns wünschten. Und womöglich wird es später nicht den Beruf ergreifen, den wir uns erhofften, hat einen Lebensstil, der uns fremd ist, oder heiratet nicht den Menschen, den wir uns erträumten. Die Vorstellungen unserer Kinder decken sich so oft nicht mit den unsrigen. Es ist gut, wenn wir uns dessen bewusst werden. Vielleicht fällt es uns dann leichter, unsere Erwartungen loszulassen und die Kinder frohen Mutes auf ihren Weg freizugeben, damit sie ihn unbeschwert gehen können, ohne dass sie sich schuldig zu fühlen brauchen.

Eine Gratwanderung kennt nicht nur beschwerliche Wegstrecken. Stolz und Freude erfüllen uns, wenn wir wieder eine heikle Stelle überwunden haben. Auch zum Alltag mit unseren Kindern gehören anspruchsvolle Wegstrecken. Doch immer wieder tun sich uns neue, beglückende Ausblicke auf, und alle Mühsal ist vergessen. Statt uns zu sorgen und zu grämen, **leben** wir mit unseren Kindern! Freuen wir uns zusammen mit ihnen! Versuchen wir, unserem Leben und dem Zusammensein mit unserer Familie die schönen Seiten abzugewinnen und sie zu genießen! Es gibt sie haufenweise! Und vergessen wir niemals, auch für uns selbst und für unsere eigene Lebensqualität zu sorgen!

Heiterkeit ist der Himmel, unter dem alles gedeiht! Lernen wir, sie bewusst in unser Gemüt einzulassen und zu pflegen, bis es uns zur Gewohnheit wird, keinen Tag vorübergehen zu lassen, ohne dass wir uns für alles Gute und Schöne öffnen, sei es scheinbar auch noch so unbedeutend! Entschließen wir uns, Sorgen, Ärger und Enttäuschungen immer wieder loszulassen, und versuchen wir, unserem Alltag das Lichte und Helle zu entlocken! Wenn wir alle unbeschwerten Momente kleinen und großen Glücks als kostbare Geschenke dankbar entgegennehmen, lernen auch unsere Kinder, Freude und Vertrauen in ihre Herzen einzulassen. Dann wird sie die Lebenszuversicht, dieser größte aller Reichtümer, auf ihrem Weg begleiten, nähren und stärken.

Ich wünsche Ihnen, liebe Eltern, von Herzen, dass der Weg, den Sie mit Ihrer Familie gehen, ein fruchtbarer sei!

Weiterführende Literatur

Bergmann, W.: Die Kunst der Elternliebe. Von dem, was uns zusammenhält. Weinheim, Basel 2011

Bergmann, W.: Gute Autorität. Grundsätze einer zeitgemäßen Erziehung. Weinheim, Basel 2008

Dreikurs, R.; Stoltz, V.: Kinder fordern uns heraus. Wie erziehen wir sie zeitgemäß? Stuttgart 2010

Faber, A.; Mazlish, E.: Hilfe, meine Kinder streiten. Ratschläge für erschöpfte Eltern. München 1994

Faber, A.; Mazlish, E.: So sag ich's meinem Kind. Wie Kinder Regeln für's Leben lernen. Düsseldorf 2009

Gibran, K.: Der Prophet. Ostfildern 2011

Ludwig, H. (Hg.): Erziehen mit Maria Montessori. Ein reformpädagogisches Konzept in der Praxis. Freiburg 2003

Maier-Hauser, H.: »... dass wir unser Bestes geben«. Erziehen nach Montessori. Weinheim, Basel 2006

Messmer, R.: Ihr Baby kann's! Selbstbewusstsein und Selbstständigkeit von Kindern fördern. Weinheim, Basel 2009

Messmer, R.: Mit kleinen Kindern lernen lernen. So fördern Sie Ihr Kind fürs Leben. Weinheim, Basel 2010

Rogge, J.-U.: Das neue Kinder brauchen Grenzen. Reinbek 2008

Wahlgren, A.: Das KinderBuch. Wie kleine Menschen groß werden. Weinheim, Basel 2010

Wahlgren, A.: Kleine Kinder brauchen uns. Weinheim, Basel 2006

Wyrwa, H.: Die Schlaraffenlandkinder. Entmachten Sie die kleinen Tyrannen – zu Ihrem eigenen Besten. Berlin 2004

Zeltner, E.: Mut zur Erziehung. München 1997

Zöllner, U.: Die Kinder vom Zürichberg. Was macht der Wohlstand aus unseren Kindern? Stuttgart 1996

Danksagung

An dieser Stelle möchte ich von ganzem Herzen allen danken, die an der Entstehung dieses Buches beteiligt waren: meiner Tochter Beatrice, meiner Schwester Marianne, meiner ehemaligen Mitarbeiterin und heutigen Freundin Sonja Mörsch sowie Frau Dr. phil. Kathrin Asper. Sie alle haben an mein Projekt geglaubt, es liebevoll begleitet und mich ermutigt, das Buch zu veröffentlichen.

Ich danke meinen geliebten Kindern Beatrice und Urs, dass sie mich so vieles und insbesondere das Loslassen gelehrt haben. Meinem Mann Toni danke ich für seine treue Unterstützung im Kindergarten und dass er mir in meinem Kampf mit dem Laptop jederzeit und überall mit Rat und Tat beistand.

Ebenso herzlich danke ich all meinen KursteilnehmerInnen für ihre Offenheit und ihr intensives Mitmachen. Ganz innig danke ich »meinen« vielen Kindern, die ich all die Jahre hindurch im Kindergarten und jetzt in der Schule begleite, für ihre Lebendigkeit und Echtheit. Mein großer Dank gilt auch dem Beltz Verlag und insbesondere dem Lektor, Herrn Dr. Claus Koch, für die sorgfältige und liebevolle Lektorierung und Drucklegung des Manuskripts.